suhrkamp taschenbuch 4933

Unsere Gegenwart: Der Gesang eines großen »Wir«? Andreas Maiers alter ego in *Was wir waren* wird es mulmig dabei. Es beharrt darauf, ein Einzelwesen zu sein, das nicht kollektiviert werden soll in gesellschaftlichen Utopien welcher Couleur auch immer.
Immer wieder die Kindheit, die Jugend, das Früher und das Jetzt einholend setzt Andreas Maier unsere vergangenen Jahrzehnte wie ein Puzzle zusammen. Von der Herkunft in der Wetterau über Reisen nach Dänemark, Italien oder in die »fernste Ferne«: einmal über den Main in den Nachbarstadtteil Bornheim. Was sind wir, was ist das Fremde? Die hier versammelten Kolumnen sind eine literarische Rückholung dessen, was wir waren und was aus uns geworden ist.

Andreas Maier, 1967 im hessischen Bad Nauheim geboren, studierte Philosophie, Germanistik und Altphilologie. Er lebte wechselweise in der Wetterau und in Südtirol, zur Zeit in Hamburg.

Andreas Maier

Was wir waren

Suhrkamp

Erste Auflage 2018
suhrkamp taschenbuch 4933
Originalausgabe

Umschlagfoto: J. Plaumann
Umschlaggestaltung: Hermann Michels und Regina Göllner
Druck und Bindung: CPI – Ebner & Spiegel, Ulm
Printed in Germany
ISBN 978-3-518-46933-0

Was wir waren

Die Sargträger waren bei der Beerdigung betrunken. Das wäre mein Onkel an diesem Tag sicherlich auch gewesen, hätte er ihn erlebt.

Onkel J., Heimatkunde

Neulich war ich im Keller des Verlags

Neulich war ich im Keller des Frankfurter Suhrkamp Verlags. Erinnerungen. Friedberg, meine Heimat, die ersten Bücher, Anke. Mit ihr begann meine zweite Wahrheitsphase, die sich von der ersten nicht wesentlich unterschied, nur daß der Schmerz größer wurde und ins gar nicht mehr Ermeßbare stieg. Ein Schmerz, so groß wie die Welt. Ein Schmerz, wie er nur durch Lesen entstehen kann, durch Mädchen und den lieben Gott, den ich aber damals noch nicht so nannte. Wir Kultursublimierten vögeln uns nicht durchs Leben, wir fliegen auf andere Weise. Bei uns ist das Vögeln nur der Gipfel des Fliegens. Andere – die, deren Leben ein Vögelleben ist – haben keine weitere Form des Fliegens und keine Stufe darüber. Es ist ihre Lebensbewegung. Wir dagegen gehen zu Fastnachtssitzungen und haben nicht einmal dort regelmäßig Sex. So blieben uns neben der Liebe noch ein Leben und eine offene Wunde. Die Wörter wuchern immer unkontrollierter in uns hinein, da sind wir vielleicht fünfzehn, sechzehn Jahre und haben noch nie etwas vom Universalienstreit gehört. Als hätten die Wörter materiellen Charakter wie ein Kuß oder ein Schwert. Dann brauchen wir Jahrzehnte, um mit Hilfe von Wörtern den Wörtern wieder einigermaßen beizukommen, sie in uns abzubauen, rückzubauen. Neulich sagte ein infolge des siebten Bieres philosophisch gewordener Wendländer zu mir: »Wir müssen die Worte (unser Leben) wieder rückholen wie Atommüll aus einem nicht funktionsfähigen Endlager, denn es wird nie ein funktionsfähiges Endlager geben, nirgends auf der Welt und für keines der Worte in uns.« So gab es neben der Liebe und dem Vögeln also noch ein Leben und wurde mehr oder minder ausschließlich zu jenem wortgeborenen Schmerz. Insofern stand ich dort unten im Keller des Frankfurter Suhrkamp Verlags im Zentrum des Schmerzes. »Und du bist das Endlager, aus dem jetzt rückgeholt werden muß, weil es nichts taugt«, sagte der Wendländer.

Alles lud sich stets mit allem auf, der Gang in die Buchhandlung, die Nächte und Tage, die Erzählungen und die Menschen, der Frühling und der Sommer, das Innen und das Außen waren nie zu trennen, die Bücher und die Welt. Anke, sie war in diesen Kolumnen noch gar nicht an der Reihe. Im nachhinein wie ein Riese, als seien wir damals alle zehn Meter groß gewesen oder größer. Wie mythische Gestalten ragst du mit all den anderen, die wichtig waren, in deiner eigenen Vergangenheit empor. Wegen Anke hatte ich die Buchhändlertochter verlassen. Der erste Verlust und der, aus dem sich alle weiteren ableiten, wie immer. Immer ist irgendwann das erste Mal für alles, und später sitzt du bei Ärzten herum oder schreibst und errichtest verzweifelt Endlager in dir. Und so kam ich, der ich ein Vierteljahrhundert zuvor Tag für Tag in die Bindernagelsche Buchhandlung in Friedberg in der Wetterau gelaufen war, um mir Suhrkamp-Taschenbücher (bzw. Insel, das waren dann die Klassiker) zu kaufen, mich damit vollzustopfen und, wie meine Mutter stets zu sagen pflegte, zu verderben (besonders, wenn sie mich mit einem Insel-Nietzsche-Taschenbuch sah, Nietzsche war für sie der »negativste« Autor überhaupt), so kam ich ein Vierteljahrhundert später ins Archiv in den Keller des Suhrkamp Verlags und sah zum ersten Mal all die Originale, die Manuskripte, Texte, Blätter, Typoskripte, die ganzen Uranfänge, hielt *Stiller* in den Händen, Rilke, und alles wurde gerade in Kisten gepackt und außer Haus geschafft, denn es war eben in diesem Moment verkauft worden. Ich sah, wie die Kisten in Sattelschleppern aus der Lindenstraße abtransportiert wurden, und sagte mir, so einfach ist es also, einen Keller leer zu räumen, und so schwer wird es sein, dich leer zu räumen. Ich habe immerhin schon damit angefangen. Immer mehr sind diese Kolumnen zu einer Räumungsaktion geworden, schon lange bevor der Verlag geräumt wurde. Ich habe in ihnen Zug um Zug alles vom Neulich ins Einstmals geräumt, und am Ende ist aus alldem, meinem Leben, der Wetterau, Anke, der Buchhändlertochter, den Kolumnen und den Straßen, dem Verlag und den Wörtern, ein Buch geworden, ein Suhrkamp-Buch, was sonst. Es ist zum Verzweifeln und im Grunde, sagte der Wendländer, »genau dasselbe, was in einer sogenannten

Wiederaufbereitungsanlage passiert. Eine Umverpackung mit dem Effekt eines potenzierten Müllvolumens.«

Neulich sah ich meinen Onkel zum letzten Mal

Neulich fiel mir ein, wann ich meinen Onkel zum letzten Mal lebend gesehen habe. Es war 2001 während des Fastnachtszugs in Friedberg. Er bewohnte zu der Zeit schon nicht mehr sein Zimmer, sondern eine Wohnung im dritten Stock eines Mietshauses. Sie war ihm von meiner Familie zugeteilt worden. Sein Erbe war, glaube ich, bereits an uns überschrieben. Er arbeitete nicht mehr, verkehrte ausschließlich in Wirtschaften und besaß eine Art Narrenstatus, immerhin war er schon siebzig Jahre alt. Hin und wieder kam er bei meinen Eltern vorbei, aber nur, um Geld zu erbetteln. Ansonsten sah ich ihn häufig in Friedberg, denn ich bin neben meinem Onkel der einzige Kneipengänger in unserer Familie. Eine Zeitlang begegnete ich ihm fast jeden Abend, er saß freundlich grüßend einige Tische entfernt, sei es in der Dunkel, sei es im Goldenen Faß oder in der Schillerlinde. Zu mir an den Tisch setzte er sich nie, er neigte zu keinen Vertraulichkeiten mehr, auch zu keinerlei Aggression, war aber dankbar für jedes freundliche Wort. Selbst am Ende seines Lebens trug er dieselbe Kleidung, allerdings hatte er aufgehört, seinen charakteristischen Geruch zu verströmen, möglicherweise hatte er sich durch Rosl, seine verstorbene Bettgenossin, das Duschen oder Baden wieder angewöhnt, vielleicht kam es aber auch daher, daß er nun jeden Tag in Wirtschaften ging und dort keinen schlechten Eindruck hinterlassen wollte.

Er war in einen Fastnachtsclub eingetreten, der sich *Die Dummbabbler* nannte. Der Club plante einen eigenen Wagen für den Zug, der am Fastnachtsdienstag über die Kaiserstraße ziehen sollte, wie jedes Jahr. Für Fastnacht werden die Straßen gesperrt, es ist der einzige Tag im Jahr ohne Verkehr auf der Kaiserstraße. Meine Familie fürchtete sich natürlich vor der endgültigen Selbstdemontage des Onkels vor zehntausend Friedberger Augen, denn es war klar, seine Fastnachtskollegen würden ihn als Schauobjekt auf dem Wagen umherfahren, wobei mein Onkel allerdings glücklich sein würde, weil er meinte, er sei damit sozusagen schon ein erfahrener Karnevalist. Sein letzter Ordnungszusammenhang, seine letzte Autoritätenhierarchie am Lebensende war die Friedberger Fastnacht, wenn die ganze Stadt herauskommt, Menschen, die man meist das Jahr über nur an einem einzigen Tag sieht, nämlich während des Umzugs und beim Besäufnis davor und danach in allen Friedberger Gassen, besonders der Altstadt. Aus allen Fenstern schauen sie heraus, auf allen Balkons stehen sie, drängen sich überall, meistenteils kostümiert, jubeln den vorbeiziehenden Wagen zu und sammeln noch immer Bonbons in großen Plastiktüten wie zu meiner Kindheit.

Am Ende konnte es die Familie nicht verhindern und lachte sogar bei dem Gedanken, auf welche Weise J. nun endlich einmal in seinem Leben einen großen Auftritt haben würde. Ich sehe noch heute das glückliche Gesicht meines Onkels vor mir, wie er, leicht verdutzt, einigermaßen derangiert, auch ein wenig verschüchtert, aber vor allem mit stiller Freude und einer gewissen Seligkeit im Blick dort oben stand und mit Bewegungen Bonbons in die Masse schmiß, als gehörte auch er endlich dazu. Vielleicht gehörte er diesmal wirklich dazu, in der Faschingsmasse untergegangen inmitten seinesgleichen. Seine Mutter war lange schon tot und konnte all das nicht mehr erleben, und vielleicht hätte er sich zu ihren Lebzeiten auch nicht dort oben hingestellt mit Narrenkappe und seinem Parka, den er auch an diesem Tag trug, denn in Friedberg ist es meistens kalt am Fastnachtsdienstag, hin und wieder schneit es sogar. Soweit ich mich allerdings erinnere, vermied außer mir die Familie komplett, dem Auftritt des Onkels beizuwohnen. Tage und Wochen muß er in Vorfreude gewesen sein und redete mit großem Ernst über den bevorstehenden Zug und die *Dummbabbler*, die meines Wissens nichts als eine spontane Vereinigung von Gästen einer bestimmten Bierwirtschaft waren. Über dem Bier hatten sie beschlossen, sich gemeinsam auf einen Fastnachtswagen zu stellen und sich selbst den Titel *Die Dummbabbler* zu geben, zum Zeugnis vor aller Öffentlichkeit. Und mein Onkel mal wieder mit dabei. Geld hatte er zu der Zeit gar keins mehr, schon am Monatsdritten hatte er stets alles verloren. Manchmal stand er inzwischen auch vor meiner Haustür.

Ja, er lebte noch, als ich bereits in seinem Zimmer in der Uhlandstraße saß. Ins Haus wollte er nicht mehr kommen, er blieb vor der Eingangstür stehen. Das Haus, in dem seine Mutter zeitlebens gewohnt und auch er fast alle seine Jahre verbracht hatte bis auf die Zeit im Rheinland. Ich an seiner Stelle hätte geweint. Ich weiß, daß er weinen konnte. Einmal habe ich ihn weinen sehen. Es war, als seine Mutter gestorben war und er verloren im Krankenhaus stand und nicht weiterwußte, bis ihm der Arzt den Ausgang zeigte, zu dem er dann hinauslief.

J.s großer Tag. Auch für die *Dummbabbler* begeisterte er sich, wie früher für die Jäger oder für Gestalten wie Luis Trenker, wenn er sie im Fernsehen sah. Es war die letzte Begeisterung seines Lebens. Um ihn herum Friedberg, johlend, und er mittendrin. Diesmal schauten seine Augen nicht, als müßten sie aus ihm heraus. Sonst hatte er immer ausgesehen wie unter Hochdruck, als wollte er aufplatzen. In die Welt hinausplatzen, die ihn schnitt. So hatte er gelebt.

Und ich stand am Straßenrand und wußte nicht, daß ich mit meinem Onkel einige Jahre später das Schreiben neu lernen würde, wofür ich ihm, der ärmsten Sau in unserer Familie, bis heute dankbar bin, nur daß ich es ihm nicht mehr sagen kann und wohl auch nicht sagen würde. Seinen Namen muß niemand wissen. Aber daß er gelebt hat und war.

Er war einmal.

Erst auf dem Fastnachtswagen und dann in den umliegenden Kneipen, und vielleicht war es sein größter Tag, am Ende seines Lebens. Er hatte mit dem Rauchen aufgehört, seinen VW-Variant längst abgegeben, war faktisch entmündigt und hatte seine gesamte Familie verloren bis auf seine Schwester und den Rechtsanwalt, der nun sein Leben und seine Erbschaft regelte. Auch mein Onkel verkehrte bei Notaren kurz vor Schluß, man brachte ihn in die Kanzlei, ließ ihn Dinge unterschreiben und verfrachtete ihn dann wieder zurück in seine Mietwohnung. Sie hatten Angst, besonders vor der Bettgenossin, die als die größte Vermögensbedrohung der letzten Jahre über die Familie gekommen war. Vor allem hatten sie Angst, er könne heiraten. Sie ist aber rechtzeitig gestorben, eine Hochzeit fand nicht statt, und mein Onkel lag stundenlang neben ihr und merkte nicht, daß er mit einer Toten im Bett lag. Morgens um vier Uhr soll sie gestorben sein, um acht stand mein Onkel auf, in seiner Wohnung sah es schlimm aus, nicht nur wegen der Kochtöpfe und Bratpfannen, die sie in ihren letzten Lebensmonaten wie unter Zwang gekauft hatte. Überall standen Flaschen herum. Überall lag Kleidung. Alles lag herum. Er hatte einfach nicht mehr aufgeräumt. Aber das ist ein anderes Kapitel.

Unmittelbar nach seinem großen Tag kam er zur Untersuchung ins Krankenhaus. Er war von der Mietwohnung zu meinen Eltern gelaufen und fühlte sich unwohl, er war gestürzt. Zwar wirkte er seit einiger Zeit immer buckliger, schien aber noch vergleichsweise robust. Wie es in ihm aussah, wußte keiner. Hin und wieder hatten in den letzten Monaten seine Beine versagt.

Und dann sah ich ihn noch einmal.

Ich hielt mich zwei Tage nach seiner Einlieferung im Haus meiner Eltern auf. Mein Vater war nicht zugegen und meine Mutter zum Abendessen mit einer Freundin verabredet, als das Krankenhaus anrief. Eine Stimme sagte, sie müsse mir leider mitteilen, daß Herr J. Boll eben verstorben sei. Gründe nannte man nicht. Gründe erfuhren wir auch nie. Es sah nach Entsorgung aus. Ich lief zu der italienischen Wirtschaft, in der meine Mutter mit ihrer Freundin saß ... diese Wirtschaft war kaum hundert Meter vom Krankenhaus entfernt. Meine Mutter hatte eben ihr Rumpsteak gegessen, während J. an den Kabeln gezappelt hatte, vermutlich schon längere Zeit tot. Ich setzte mich an den Tisch und wiederholte, was das Krankenhaus mir gesagt hatte.

Nein, ich glaube, es war so: Als ich mich an ihren Tisch setze, sagt sie von sich aus, J. ist tot. Ich komme herein, und sie weiß, was es bedeutet. Obgleich damit niemand gerechnet hatte. Es ging ihm nicht gut, aber er war noch zu uns gelaufen. Vielleicht hätte er gar nicht ins Krankenhaus gebracht werden müssen. Es war nur aus Vorsicht geschehen.

Wir gingen zum Krankenhaus. Der Arzt sprach leise mit uns. Man habe ihn noch wiederzubeleben versucht.

Der Bruder seiner Schwester. Und die Schwester steht im Krankenhaus, und ich bin dabei. Und dann sahen wir ihn noch einmal, ein letztes Mal. Der Arzt riet uns ab.

Tun Sie es lieber nicht, meinte er. Wir wußten nicht, was er damit sagen wollte.

J. lag in einer kleinen Kammer hinter einem Vorhang, halb zugedeckt. Wir beide, meine Mutter und ich, wichen einen Schritt zurück.

So hätten wir uns das nicht vorgestellt.

Er war gestorben, wie er gelebt hatte.

Alles war aus ihm herausgekommen. Der Körper war wie aufgebäumt, die Hände ausgebreitet, als würden sie noch einmal zugreifen, die Füße abgespreizt, Zehe für Zehe, wie in äußerster Erregung. Der Mund stand offen, das Gesicht grinste fürchterlich, und die Augen waren so weit aus ihm hinausgetreten in seinem finalen Schauen, wie ich es zu seinen Lebzeiten nie gesehen hatte. Es sah aus wie Wollust. Als sei er zerplatzt. Als habe ihn jemand im äußersten Moment auf Stillstand gestellt, um ihn so der Nachwelt zu überliefern.

So hatten wir ihn nie gesehen. So hatten wir ihn immer gesehen. Das gaben wir uns an diesem Tag zu, mit Blicken. Uns packte das Grauen. Wir gingen davon.

Keiner hat ihn mehr berührt.

Neulich dachte ich an dieses eigenartige Leben

Neulich dachte ich an das eigenartige Leben, das ich mit sechzehn, siebzehn Jahren geführt hatte. Ich komme aus einer zwischen Taunus und Vogelsberg eingeklemmten Region, mein Zimmer ging auf einen Rübenacker, ich verwandelte es in eine Art Experimentierstube, dort stand ein altes Klavier, Pflanzen wucherten vor sich hin, Zettel hingen an den Wänden, halbleere Weinflaschen sammelten sich auf dem Tisch. Zum einen trank ich viel und aß wenig, zum zweiten kleidete ich mich am liebsten in die abgetragenen Kleidungsstücke irgendwelcher Vorfahren, zum dritten schloß ich nie mein Fenster und war erstaunlich resistent gegen Kälte, darüber hinaus unternahm ich körperliche Selbstversuche aller Art, las, schrieb, und irgendwie bildete dieses Zimmer, in dem ich, der Wetterauer aus der Landwirtschaftsregion, vor mich hin lebte, durch das ständig offene (und große) Fenster *einen Raum* mit der Wetterau, meiner Heimat. Drinnen und draußen, das trennte ich nicht. Unter meinem Fenster verlief die Usa, unser Fluß, an dem spazierte ich jeden Tag entlang, setzte mich ans Ufer, lief in die Stadt und aß die Tellerreste an den Imbißständen, man bekam immer etwas, und im nachhinein habe ich manchmal den Gedanken, daß ich damals in Friedberg eigentlich nach jenem Vers des Matthäusevangeliums lebte, in dem die Vögel weder säen noch ernten, die aber doch ernährt werden, nämlich vom himmlischen Vater. Manchmal ging ich auch zum Fisch Umsonst auf der Kaiserstraße (die Familie hieß Umsonst) und aß dort die Teller mit dem Stammessen leer. Ich fror zwar ständig, aber hielt das, wie gesagt, gut aus, es war ja vorsätzlich, und auch im Winter trug ich nur eine löchrige Hose, ein mit inszenatorischer Absicht nie wirklich zugeknöpftes Hemd (wochenlang meist ein und dasselbe) und einen geradezu zerfetzten Mantel, den mir damals, als ich mit Anke zusammen war, unser gemeinsamer Freund Bülent vermacht hatte.

Die meisten Bänke zum Sitzen und Schlafen stehen um unsere Burg herum. Nachmittags lag ich meistens auf irgendeiner von ihnen. Auch wenn ich nach Wien oder Marseille oder Berlin-West trampte: Was ich häufig tat, war auf irgendeiner Bank zu schlafen, besonders nachmittags. Manchmal verbrachte ich ganze Nächte im Burggarten. Ich konnte damals furchtbar mitleid-erregend aussehen (ich war überdies gerade gewachsen, schlank und für einige ältere Herren sehr begehrenswert), und so bekam ich auch immer wieder Zigaretten, ohne welche kaufen zu müssen. Man mag diese Schnorrerei und diesen Lebenswandel insgesamt für abgefeimt und geradezu unerträglich halten, aber im Vergleich zu den zahlreichen

Gottesdienstbesuchen in meiner Kindheit deutete diese Zeit wenigstens an, was das Gleichnis mit den Vögeln im Matthäusevangelium auch meinen könnte – nämlich daß es gar kein Gleichnis ist, sondern explizite Rede.

Musik hat damals, als ich im genannten Alter war, eine große Rolle in meinem Leben gespielt, nicht zuletzt wegen des Klaviers in meinem Zimmer, das die Bombardierung Dresdens überstanden hatte. Bei den Nazis hatten sie Salonmusik darauf gespielt, jetzt, vierzig Jahre nach Dresden, hämmerte ich, ein abgedrehter Wetterauer Steinmetznachfahre, Schuberts *Winterreise* hoch und runter in dieses Weltkriegsklavier und grölte die Lieder zum Erschrecken aller vor meinem Fenster. Es muß für sie geklungen haben wie im Fußballstadion. Gern grölte ich auch den unglückseligen *Atlas* oder mein Lieblingslied, den *Wanderer* von Schubert nach Schmidt von Lübeck (»Ich komme vom Gebirge her ...«). Da ist die ziellose Wanderschaft rein und pur, da ist nur noch das Land geliebt, das nie gefunden wird. Eine rastlos trauernde, ins Metaphysische gehobene Bewegung. »Ich bin ein Fremdling überall.« Es ist die Welt »ohne Welt«. Ein vollkommenes Unbehaustsein unter den Menschen, das gefiel mir, obgleich ich natürlich nichts weiter als ein ortsüblicher Gymnasiast war und aus einer immerhin halb gehobenen Bürgerschicht kam.

Ich hätte jederzeit ein ganz normales Mäntelchen anziehen können und trug doch immer mit Absicht ein abgerissenes. Ich hatte ja noch keine Sprache und keine Romane. Als Ausdrucksmittel hatte ich bislang quasi nur das Mäntelchen oder die Weinflasche. So lief ich als lebendiges Gleichnis umher, damals in diesem seltsamen Leben, das mir völlig natürlich vorkam und mich bis heute nachdenklich macht.

Neulich erhielt ich einen Leserbrief

Neulich erhielt ich mal wieder einen Leserbrief. Ich habe immer ein schlechtes Gewissen, wenn ich einen bekomme, weil ich auf keinen dieser Briefe jemals geantwortet habe. Ich habe schon Briefe von Menschen erhalten, die monatelang in Krankenbetten herumlagen. Einmal schrieb einer, genesen von einem solchen Krankenlager, ihn habe ein Roman von mir wieder zu Besinnung und Kräften gebracht. In diesem Roman ging es um Studentenkommunen, Sex und den Widerstand in Gorleben, die Rezensenten schrieben, ich sei damit dreißig Jahre zu spät gekommen. Mir war nicht ganz klar, was ich von dem Leserbrief des Rekonvaleszenten halten sollte. Ich selbst habe niemals in meinem Leben einen Leserbrief geschrieben und bin auch nie zu Lesungen gegangen, um mir dort Bücher signieren zu lassen. Doch, einmal wollte ich zu einer Lesung gehen, und zwar von Hermann Burger. Burger sollte in der Wetterau lesen, in Friedberg in der Bindernagelschen Buchhandlung, ich war noch jung. Warum ich gerade zu Hermann Burger wollte, kann ich nicht sagen, vermutlich hielt ich uns beide für wesensähnlich. Es war die Zeit, als ich in die Tochter des Buchhändlers verliebt war. Am betreffenden Abend, es war im Jahr 89, fand ich mich also vor der Tür der Bindernagelschen Buchhandlung auf der Kaiserstraße ein, wurde aber nicht eingelassen, sondern erfuhr, daß sich Burger unmittelbar vor seiner Abreise nach Friedberg umgebracht hatte. Das fand ich beeindruckend. Und irgendwie passend. Heute überlege ich mir oft, wie es gewesen wäre, Burger hätte sich damals nicht umgebracht, sondern diese klägliche, traurige Reise in die Wetterau zu uns kläglichen, traurigen, völlig unzulänglichen Leuten gemacht. (Unzulänglich wie er selbst, so hätte es Burger wohl gesehen und am Ende noch Mitleid mit uns gehabt.) Am Abend nach der Lesung hätte Hermann Burger dann mit dem Buchhändler und möglicherweise seiner Tochter in der Bierwirtschaft Zur Dunkel herumgesessen, meinem damaligen Stammlokal, und ein Schnitzel gegessen. Anschließend wäre er wieder auf seine Burg in die Schweiz gefahren und hätte sich dennoch, oder vielleicht jetzt sogar erst recht, umgebracht. Arnold Stadler habe ich in der Dunkel kennengelernt, auch Peter Kurzeck aß dort ein Schnitzel. Heute könnte die Dunkel ein Schild an ihre gotische Hauswand hängen, wer da schon alles Schnitzel gegessen hat. Überhaupt ist die Dunkel inzwischen der berühmteste literarische Ort Friedbergs, vielleicht der Wetterau überhaupt, das liegt an der Bindernagelschen Buchhandlung und dem anschließenden Schnitzelessen in der Dunkel. Man könnte eine Anthologie herausgeben: Das Friedberger Schnitzelbuch. Mit Beiträgen von

Walser, Grass, Stadler, Genazino, Lenz, Enzensberger, Härtling, Kurzeck und so weiter, selbst ich aß dort ein Schnitzel unter der Ägide der Buchhandlung, die schräg gegenüber der Dunkel liegt, einmal über die Kaiserstraße, die neuerdings durch unsere Ortsumgehungsstraße entlastet wird, das heißt, es herrscht dort jetzt wieder etwa derselbe Verkehr wie vor zehn Jahren, als auch schon alle geklagt haben, sie hielten es nicht aus, und den Bau der Ortsumgehung forcierten. Es hängt aber in ganz Friedberg nur ein einziges Schild als Zeugnis eines literarischen Aufenthalts in meiner Heimatstadt, nämlich am Hotel Trapp. Dort war einstmals Karl Gutzkow eingekehrt. Karl Gutzkow, ein Schriftsteller, bei dem ich ebenfalls immer den Verdacht hatte, ich sei ihm vielleicht gar nicht unähnlich. Auch er neigte zu Mammutprojekten, er machte es meist nicht unter neun Bänden, zum Graus seiner Leserschaft und seiner Verleger und der gesamten Nachwelt. Gutzkow, psychosenüberladen, fühlte sich damals von aller Welt verfolgt, so kam er nach Friedberg, als könnte das helfen. Was machte er während seines Aufenthalts im Hotel Trapp auf der Kaiserstraße, keine fünfzig Meter vom heutigen Sitz der Bindernagelschen Buchhandlung entfernt, die es damals auch schon gab, und in Sichtweite der Dunkel? Er versuchte Selbstmord zu begehen. Allerdings scheiterte der Versuch (wie fast alles im Leben Gutzkows). Ein Biograph schildert das Geschehen im Hotel Trapp so: »Er schnitt sich nun an beiden Oberarmen die Adern durch, brachte sich an beiden Seiten des Halses tiefe Schnittwunden bei und stieß sich zweimal den Dolch in die linke Brust ... Er sprang auf, warf sich auf den Fußboden, stöhnte und ächzte.«

Dafür bekommt man in Friedberg eine Ehrentafel.

Schon als Jugendlicher hatte ich immer wieder den Traum, wie ich eilig durch die Stadt laufe, auf den Burgberg, dann durch die Burg hindurch und zum Adolfsturm, dem Wahrzeichen der Stadt, einem alten Turm aus dem 14. Jahrhundert, und wie ich im Adolfsturm die Treppen hinaufrenne, so schnell es geht, und dann, oben angekommen, sofort und ohne Zögern hinunterspringe, worauf ich jedesmal tot bin und wieder aufwache. Bis zum Tod war alles an diesem Traum angenehm, anschließend kam immer die Enttäuschung. Ich war damals noch Schüler, also in der Zeit der Prägungen. Übrigens bin ich nicht der einzige in Friedberg, der solche Adolfsturmträume hat. Sie gehören bei uns zum Volksgut. Vielleicht antworte ich deshalb auf keine Leserbriefe. Jeder nähere Kontakt wäre einfach verantwortungslos von mir.

Neulich bestimmten wir einen Begriff

Neulich bestimmten wir unseren Begriff von »fremdenfeindlich«. Fremdenfeindlich bedeutet bei uns, daß man feindlich schaut, wenn ein Nicht-Stammgast die Wirtschaft betritt. Besonders wenn der oder die Fremde sich ans Buffet stellt, wo man selbst seinen Stammplatz hat. In Wien wird man in einigen Kaffeehäusern schlichtweg nicht bedient, wenn man – und sei es unwissend – den Platz eines alteingesessenen Gastes einnimmt. Vor allem verstimmen uns Menschen, die zum ersten Mal in die Wirtschaft hineinkommen und sich so verhalten, »als gehöre ihnen die Welt« (so nennt es mein Sachsenhäuser Apfelweinwirt). Wenn draußen Fußgänger vorbeilaufen, und die Tür steht offen, dann schauen diese völlig befremdet in unser Wirtschaftsbiotop hinein. Es gehört schon etwas dazu, die Türschwelle zu passieren und sich den Augen der Stammgäste auszusetzen – und vor allem der sofort eintretenden totalen Stille. Draußen hört man aus der Wirtschaft immer eine Geschwätzlautstärke, die erheblich sein kann, kaum steckt man aber – als Neuling – den Kopf herein, kann man eine Nadel fallen hören.

Neulich habe ich Meisen gesehen, die ausfliegen wollten. Bei einem Vogel klappte das nicht so ganz. Er war besonders übermütig, steckte schon seit dem Morgen sein Köpfchen aus dem Nistkastenloch und schaute nach oben und unten, wo denn die Eltern mit den Würmern blieben. Am Nachmittag kam er immer weiter heraus. Ich saß währenddessen drei Meter von ihm entfernt mit dem Fernglas auf dem Balkon. Immer munterer und forscher wurde er, das Köpfchen drehte sich hin und her – bis er mich sah. Er gefror noch in der Bewegung, hatte den Schnabel zusammengeklappt, fast wie einen Schmollmund, und starrte mich, das unbekannte Weltgeschöpf, das ganz Andere da draußen, an. Tatsächlich bewegte er sich für etwa fünf Minuten überhaupt nicht mehr. Ich war das schlichtweg Ungeheuerliche, das Fremde an sich, die Welt, die doch bislang nur aus den Eltern und den herbeigeschafften Würmern bestanden hatte. So in etwa schauen wir neue Gäste an, wenn sie unser Lokal betreten.

Der Vogel fiel anschließend aus dem Nest. Ich setzte ihn mal lieber wieder zurück.

Man muß sich in einer Apfelweinwirtschaft langsam in der Hierarchie hocharbeiten. Keine vorschnellen Verbrüderungen. Sich erst mit einigem Abstand zum Buffet setzen und auch lieber fragen, ob der Platz nicht besetzt sei. Dann auch keinesfalls gleich jeden Tag kommen. Nur langsam die Präsenz erhöhen. Irgendwann finden die ersten Gespräche mit der Bedienung statt. Man lernt die Namen anderer Gäste kennen. Die Distanz zum Buffet verringert sich gradweise. Jetzt duzt dich schon der Wirt. Und am Ende kommst du jeden Tag, hast deinen Platz am Buffet, den dir niemand wieder nehmen soll, und wenn du nicht kommen kannst, kündigst du das vorher an. Du weißt jederzeit, wo der Wirt ist, der Wirt weiß jederzeit, wo du bist, und die anderen wissen es auch. Mittwochs kommen Manfred und Renate. Donnerstags und freitags kommt der Lars um neun. Heinz kommt täglich. Und so weiter. Kurz, es ist eine Welt, vor der die meisten davonlaufen würden. Es ist die Gegenwelt zur deutschen Café- und Frühstücksbistroszene und zu jenen Bars, wo alle in Frankfurt, in Berlin, in Hamburg, in München hingehen, in denen man Steaks und Salate und so urbane Kleinigkeiten bekommt und Weine aus Italien, Frankreich und Österreich, wo es eine umfassend große Schnapsauswahl gibt und jeder an seinem Tisch sitzt und alles getrennt und für sich ist, wo sie hingehen, um von den anderen in Ruhe gelassen zu werden, und wo man andere in Ruhe läßt, und wo natürlich auch Künstler und überhaupt moderne Menschen herumsitzen und alles eben einen Chic und eine Klasse hat.

Eigentlich wollte ich gar nicht über unsere Stammwirtschaft schreiben, sondern über Thilo Sarrazin. Ich lese nämlich gerade Thilo Sarrazin.* Nicht, daß ich mitreden können will. Da gibt es übrigens auch gar nichts weiter zu können, das Buch funktioniert ja sehr einfach

* Wir befinden uns im Jahr 2011.

und hat in gewisser Weise gar keine Grundthese außer der, daß alles irgendwie so sein soll wie etwa 1960, als wir noch alle nicht so viel Geld brauchten, mit weniger zufrieden waren, dafür aber fleißiger, stolzer etc., und als es all die Transferleistungen noch nicht gab und man auch noch nicht so dick war in der Unterschicht und nicht so viele Computerspiele spielte zu Hause auf der Couch. Ja, damals konnte man noch die Ärmel hochkrempeln etc. Nein, ich lese es, weil ich immer wieder gern erfahre, wie es ist, das zu lesen, was gerade so viele Leute um einen herum lesen. Der Stil ist die Physiognomie des Geistes, und man kommt dem Autor und seinen Lesern, Frauen wie Männern, durch ein Buch oftmals näher, als die Betreffenden es wollen. Das ist auch genau der Grund, warum ich vor zwei Jahren *Mein Kampf* gelesen habe. Immerhin das erfolgreichste politische Buch in Deutschland, noch vor Thilo Sarrazin.

Seitdem ich Thilo Sarrazin lese, denke ich manchmal in Fertilitätsraten, wie bei der Dackelzucht. Ich stehe jemandem gegenüber und überlege, welcher Ethnie (früher: Volk) gehört der jetzt wohl an, welche Reproduktionsstufe hat er, und wie ist sein Bildungsgrad. Ist es eine bio-/volksdeutsche Akademikerin unter dreißig? Die würde Thilo Sarrazin als Reproduzentin sofort fördern. Studentinnensex, ja, das waren noch Zeiten! (Jetzt bin ich schon dreiundvierzig.) Meine Sachsenhäuser Nachbarn bekommen gerade ein Kind. Beide sind, glaube ich, bloß Laborassistenten. Das reicht als Bildungsstufe nicht, um förderungswürdig zu sein. Und mit nur einem Kind haben sie nicht einmal die Nettoreproduktionsrate erfüllt. Mit ihnen stirbt Deutschland aus!

Man sagt, das Buch sei schwere Kost. Das stimmt nicht, auch wenn Hitler der bessere Stilist war. Ich lese gerade auch Kants *Kritik der reinen Vernunft*, das ist wesentlich schwieriger. Nein, Thilo Sarrazin nehme ich meistens zur Entspannung mit auf den Balkon in die Sonne. Es ist Juli. Zwischen die transzendentale Analytik schiebe ich immer mal wieder ein paar Migrantenzahlen. Und dann das sagenhafte Kapitel, in dem ausgeführt wird, wie sich Thilo Sarrazin angeblich ein paar Tage für vier Euro ernährt, um zu zeigen, daß das völlig ausreiche. Für vier Euro bekomme ich nicht einmal drei Gläser Apfelwein in der Wirtschaft! Keiner von uns würde in die Stammwirtschaft gehen und da nur vier Euro lassen. Das würden wir unseren Wirten nicht antun, das haben sie nicht verdient. Das hat niemand verdient. Ein menschenwürdiges Leben beginnt sowieso erst ab sieben oder acht Schoppen. Und zwar für jeden, egal ob fremd oder nicht.

Neulich wurde ich gefragt, was der Mensch sei

Neulich wurde ich gefragt, ob der Mensch ein soziales Wesen sei. Das war in Dänemark, näher gesagt in Kopenhagen, in einer Bar namens Berlin. Ob nicht der Mensch gemeinhin dafür da sei, in einer Gruppe mit anderen zu funktionieren? Ich schaute den Fragenden, einen Journalisten, wohl etwas zu lang an, denn er begann seine Frage zu erläutern bzw. ihr einen Kontext zu geben. Er sagte, also bei ihnen in den skandinavischen Ländern sei das nämlich so, daß man da immer ungeheuer viel Wert darauf lege, daß man sich eben in das Kollektiv einfügt, und auch bei Kindern werde stark darauf geachtet.

Interviews sind wie ein Schachspiel, man sollte immer ein paar Züge im voraus denken. Ich überlegte, auf was das hier hinauslaufen könnte. Wir waren ja nicht zuletzt in einer Bar namens Berlin. Die hatte sich der Interviewer eigens für mich ausgesucht. An der Wand hingen Poster und Fanartikel von Hertha BSC. Wir tranken Bamberger Rauchbier.

Wie soll ich mir das vorstellen, daß ein Mensch in einem Kollektiv funktioniert? Was heißt überhaupt

Mensch? In einem Kollektiv ist man kein Mensch. Da ist man nicht so, wie einen der liebe Gott geschaffen hat. Der liebe Gott hat keine Kollektive geschaffen. Er hat seine Schöpfung geschaffen, die in erster Linie dazu dient, daß man dem anderen den Schädel einschlägt oder ihn auffrißt. Und er hat meine Seele geschaffen, die mir sagt, du kannst auch demütig sein und vielleicht darauf verzichten, deinem Gegenüber den Schädel einzuschlagen und ihn aufzufressen. (Die größte Christenkunst besteht ja bekanntlich darin, sich selbst den Schädel einschlagen und sich auffressen zu lassen.)

All das sagte ich natürlich nicht. Ich konnte mich sowieso nicht gut konzentrieren, denn im Hintergrund liefen die *Prinzen*, »Ich wär so gerne Millionär«. Ich schaute auf die Bierliste. Darauf standen etwa hundert Sorten Bier, alle deutsch. Nur mein oberhessisches Licher war nicht dabei.

Was ist ein Heimatgefühl? Vielleicht wollte der Interviewer mir ein solches verschaffen und hatte mich deshalb in die Bar Berlin geführt. Er erzählte, die Kopenhagener fänden Berlin (also die Stadt) ganz toll. Sie führen da oft hin.

In der *Süddeutschen Zeitung* hatte ich auf der Hinfahrt einen Satz von Phil Lynott gelesen, dem früh verstorbenen Frontmann von *Thin Lizzy*. Es ging um Heimat. Ich übertrage Phil Lynott hier sinngemäß in meine Wetterauer Wörter. Lynott (ich): »Wie ich die Frage, wo ich herkomme (bzw. wer ich bin), beantworte, hängt davon ab, wo ich gerade bin. Im Ausland sage ich, ich bin Deutscher. In Deutschland sage ich, ich bin Hesse. In Hessen sage ich, ich komme aus der Wetterau. In der Wetterau sage ich, ich bin Friedberger. In Friedberg sage ich, ich komme aus dem Barbaraviertel. Im Barbaraviertel sage ich, ich komme aus dem Mühlweg. Im Mühlweg sage ich, ich bin ein Maier.« Den Maiers sage ich, ich bin eigentlich ein Boll, aber so weit ging Phil Lynott nicht.

In Berlin sagen sie alle, sie seien aus Berlin. Die differenzieren da nicht so. Über der ganzen Stadt liegt ein Erzählverbot. Wenn die Berliner ihre Herkunftsorte nennen sollen, schauen sie immer verschämt auf den Boden wie ein Junge, der genau weiß, was er wieder einmal verbrochen hat. Paderborn! Osnabrück! Erwischt!

Das Erzählverbot äußert sich darin, daß alle Berliner Biographien erst an dem Punkt beginnen, an dem die betreffenden Menschen nach Berlin gekommen sind. Es gibt keine Kindheitserzählungen, keine Jugenderzählungen, nichts. Ich kenne ihre Familien nicht, ich kenne ihre Häuser nicht, ich kenne ihre ersten fünfundzwanzig oder dreißig Jahre nicht. Komplett nicht. Die einzigen Erzählungen von einem »Früher« höre ich von denen, die tatsächlich aus Berlin kommen. Die unterscheiden sich auch nicht von meinen Erzählungen über »Früher«.

Inzwischen lief Nena, »Wunder geschehen«. Ich hatte bereits etwas mehr vom Bamberger Rauchbier in meinem Kopenhagener Berlin getrunken und ging aufs dänische Klo. Dort liefen die Schlümpfe als Hörspiel (natürlich auf deutsch).

Als ich am Morgen über die Grenze nach Dänemark

gefahren war, hatte ich das gedacht, was ich immer denke, wenn ich in ein anderes Land hineinkomme. Was für ein wunderschönes Land! Was für Wiesen! Wie ruhig und schön alles. Wie schön muß es sein, ein Däne zu sein. Wie hier alles aussieht!

Nach zehn Minuten hatte ich dann gedacht, es sieht im Grunde genauso aus wie Schleswig-Holstein. Noch zehn Minuten weiter dachte ich, es sieht nicht einmal wie Schleswig-Holstein aus, sondern eher wie Nordrhein-Westfalen. Höchstens Niedersachsen.

In Kopenhagen fielen dauernd die Fahrräder um. Starker Wind. Am Bahnhof traf ich einen wohlgemuten Gerbrand Bakker, den bekannten niederländischen Schriftsteller. Wir sprachen viel. Er las auf demselben Festival. Am nächsten Tag saß ich in einem großen Glaskubus vor Publikum und schaute auf die draußen umfallenden Fahrräder, anschließend traf ich Gerbrand Bakker im Foyer, nicht mehr so wohlgemut, inzwischen ganz einsilbig geworden.

Meine ständige Begleitungsdame in Kopenhagen, eine Studentin, sagte, als sie mich aus Berlin abholte, daß alle Dänen Dänemark hassen, zumindest die intelligenten. Sie wollten alle weg. Der Rest sei dumpf und wolle nicht weg. Das veränderte mein Verhältnis zu Dänemark schlagartig.

Als ich nämlich am nächsten Morgen aus dem Land hinausfuhr, schaute ich wieder auf die Landschaft und sagte mir, das ist also das Land, das Menschen wie Breivik hervorbringt. Die ganze Rückfahrt, auch noch auf der Fähre, sah ich die dänische Landschaft, die, je näher wir Deutschland kamen, immer schöner wurde, und dachte, das ist die Landschaft Breiviks. Irgendwie erschien mir das geradezu logisch. Wahrscheinlich, dachte ich, muß genau so eine Landschaft aussehen, damit ein Breivik in ihr entsteht. So müssen die Menschen sein, so die Landschaft, und die logische Konsequenz ist ein Breivik. Ich fuhr übers Land und hatte wirklich den Eindruck, das Land, die Menschen und sogar auch Leute wie Breivik jetzt irgendwie besser zu verstehen. Es ist ja alles immer eins und gehört zusammen.

Wahrscheinlich hätte ich durch jede Landschaft fahren können, sogar durch meine Heimat, und hätte dasselbe gedacht. Meinen Irrtum bemerkte ich erst am nächsten Tag: Breivik ist gar kein Däne. Er ist Norweger.

Neulich war ich im Ausland

Neulich war ich im Ausland. Dort sah ich fremde Menschen fremden Beschäftigungen nachgehen. Viele saßen in Cafés in Straßen, die mir fremd waren. Ich lief herum, fand das alles interessant, aber sagte mir: Es ist die Fremde, und du wirst nie zu ihr dazugehören. So war ich eine Weile Tourist. Der Himmel über mir war klar, es flogen kaum Flugzeuge, die Menschen in den Cafés sahen relativ jung und gesund aus. Offenbar hatten sie nichts zu tun.

Ausland war für uns schon immer wichtig. Wir hatten von jeher einen Hang zur Exotik. Allein die Schlager früher! Ivan Rebroff. Bata Illic. Nana Mouskouri. Selbst die einheimische Alexandra sang hauptsächlich von der Taiga. Dazu kam der Toast Hawai, kamen die Cannelloni, später Sushi und solche Sachen, jetzt haben wir Kreuzkümmel-Tees. Daneben gab es natürlich die Handkäse-mit-Musik-Apfelwein-Fraktion im *Blauen Bock* mit Heinz Schenk. Aber da traten sie auch alle auf, von Ivan Rebroff über Bata Illic bis hin zu Nana Mouskouri. Und Adamo. Vermutlich auch Adamo. Und während den

Seniorenhessen der Schoppen im Glas warm wurde, sang Udo Jürgens »Griechischer Wein«.

Ja, neulich war ich im Ausland, nämlich in Frankfurt-Bornheim, zwei Kilometer von meiner Sachsenhäuser Wohnung entfernt über den Main. Fremde Bornheimer Menschen gingen da fremden Bornheimer Beschäftigungen nach. Anschließend fuhr ich nach Bockenheim (da befindet sich mein Friseur). Die Bockenheimer Studenten kannten von jeher Sachsenhausen. Die Sachsenhäuser kannten noch nie Bockenheim. Die Sachsenhäuser sind von jeher daheim geblieben.

Der Sachsenhäuser bewegt sich nicht. So, wie der Main die natürliche Grenze ist, an der die Welt endet, ist die Mörfelder Landstraße inzwischen die natürliche Grenze, was die Flugzeuge angeht. In Sachsenhausen beginnt die Wahrheit, und sie setzt sich südlich der Mörfelder Landstraße mit zunehmender Lautstärke fort.

In Bornheim, dort in der Fremde, besichtigte ich eine Wohnung in einer fremden Straße. Der Himmel war blau, ich stieg bis unters Dach, vor mir ragte die Himmelslinie Frankfurts auf. Fern da hinten auch der Henninger-Turm. Da wurde ich schon wieder traurig. Ich stand auf einer üppigen Dachterrasse, lautlos glitten die Flieger im Hintergrund wie Silberfische über Sachsenhausen. Sie machten sich fast gut da im Frühabendhimmel. Ich sah die Vision einer modernen, weltoffenen Stadt. Und mußte sie nicht einmal hören.

Da begriff ich: So sieht also Frankfurt aus! – und so sehen die Frankfurter (und auch die vormals allseits beliebte Oberbürgermeistern) die Vision des modernen und weltoffenen Frankfurts und müssen sie nicht einmal hören! Spektakulär die Inszenierung, erst die Himmelslinie, dann die Flieger, im Hintergrund noch ein bißchen Taunus, und darüber die Abendsonne.

Nach Sachsenhausen blicken ist für die also wie Fernsehen. Das nennen sie ihr schönes Frankfurt. Und ich sah die Flieger, diese verdammten Dinger, und sagte mir, jetzt gehören sie zu dir, die Flieger, und eigentlich willst du sie ja haben, denn du willst in der Wahrheit leben und nicht im vierten Altbaustock in Bornheim mit Dachterrasse und Abendsonne und Sachsenhausenblick.

Ja, das Leben ohne Wahrheit ist immer so einfach. So schön. Zu Hause leben wie im Urlaub! Genießen! Frankfurt genießen! Auch die Oberbürgermeisterin will sich, das hat sie für ihren Ruhestand angekündigt, in den Garten setzen und genießen (natürlich nicht in Sachsenhausen).

So kam ich aus der fernsten Fremde von Bornheim über den Main zurück nach Hause, und aus den Silberfischchen wurden wieder die dröhnenden Donnerwalzen, die uns fast den Kopf abrasieren, mit irgendwelchen Leuten darin, die gerade einen schönen Anflug bei Abendsonne auf die schöne Stadt Frankfurt und auch über das schöne Sachsenhausen haben, wo man dem Wolfgang Wagner in den Drei Steubern und dem Robert Theobald in der Buchscheer und den Hanauskes im Gemalten Haus, und wie die Wirtsleute alle heißen, in den Gasthausgarten hineinschauen kann, um bereits von dort Anteil an der angeblichen Sachsenhäuser Gemütlichkeit zu haben, vom Flieger aus, diesem verlogenen Ding, als gehörte man schon fast da unten ins idyllische Bild.

Neulich war ich in einem venezianischen Palazzo

Neulich saß ich in einem alten Palazzo in Venedig, direkt am Canale Grande. Marmorböden, gotische Spitzbogenfenster, die Wände mit Stofftapeten bedeckt, man kennt das. Draußen die Gondeln und die Vaporetti, darüber der blaue Himmel. Das geschäftige Treiben Venedigs.

Schreibe nie über Venedig! Das ist der Tod! Schreibe über Ockstadt bei Friedberg in der Wetterau. Oder über Bauernheim. Oder Marburg-Niederweimar. Vielleicht gerade noch über Osnabrück oder Paderborn. Aber niemals über Venedig.

In Harry's Bar saß Donna Leon am Nachbartisch und aß ihr Risotto für 52 Euro. Wenn du über Venedig schreibst, dann nur so: als Kitschbedienung für die Allgemeinerwartung!

Ich kenne eine ganze Reihe Schriftsteller, die waren in Rom, und dann schrieben sie über Rom. Furchtbar. Genauso furchtbar ist dann, wenn die Kritiker der Romliteraten (die alle Villa-Massimo-Literaten sind bis auf Delius, und der schreibt nicht über Rom) sagen: Rom, da reicht Brinkmann! Brinkmann, immer hört man dieses Wort, wenn die Rede auf Rom und die Villa Massimo kommt. Als sei seit Brinkmann alles besetzt. Brinkmann war eben dies: Villa-Massimo-Stipendiaten-Literatur.

Nein, schreibe nie über Venedig oder Rom oder so etwas. Das endet nur in Klischees.

Ich saß also in jenem Palazzo in Venedig und hielt eine Gitarre von Gerhard Oldiges aus dem Jahr 2002 in der Hand. Fichte und Palisander.

Die Geschichte dieser Fichte ist leicht erzählt. Damals war ich in meinem Leben hin und her geworfen zwischen so gut wie allem, auch zwischen verschiedensten Frauen. Unter anderem lernte ich damals die schönste Frau auf der Welt kennen. Ja, so etwas gibt es wirklich: Die schönste Frau auf der Welt. Sie lebte im Frankfurter Bahnhofsviertel, mitten unter den Tabledancerinnen und Laufhäusermädchen.

Diese Frau hatte etwas von einer Gazelle, wobei dieses Wort nicht von mir stammt, sondern von einer Bekannten. Ich lernte damals: Offenbar bin ich Gazellen-affin. Sandbraun. Wüstenhaft. Mindestens Steppe.

Ich war damals hin- und hergeworfen zwischen einer Zeder und einer Fichte von Gerhard Oldiges. Die Zeder war das Sandbraune. Hell, leicht, federleicht im Klang, wie eine Welt ohne Metaphysik, dafür mit zauberhaftester Oberfläche, verführerisch. Die schönste Frau der Welt säuselte mir einmal ein russisches Einschlaflied ins Ohr. Vielleicht war es auch ein Liebeslied. Ich weiß es nicht, ich kann kein Russisch. Arnold Stadler nennt das

Sehnsucht. Oder Leben. Weniger sprachlich innovative Menschen nennen es Erotik. Wobei letzteres ein Wort ist, zu dem ich mich auch nicht entschließen kann. Irgend etwas fehlt daran. Der Schmerz fehlt. Die Schwermut. Vielleicht die Demut. Aber damit wären wir auch schon wieder bei Stadler.

Die Fichte dagegen, genau das Gegenteil! Um sie muß man kämpfen. Nicht im Sinne eines gockelhaften Liebeswerbens. Nein, man muß mit ihr arbeiten. Man muß immer den Kontakt zu ihr halten. Sie ist dein eigener Seelenverstärker. Sie zeigt dir auch deine Grenzen auf. Dafür ist sie im besten Fall dann wie jenes russische Lied, allerdings ohne die Sängerin dazu, weil sie selbst die Sängerin geworden ist. Da ist dann nichts mehr Oberfläche, und die Steppe selbst ist einer fast gotisch anmutenden *hortus-conclusus*-Landschaft gewichen, in der alles schön, aber auch mit einem universalen Sinn behaftet ist. Zeder: tierhafte Schöpfung, Ekstase. Fichte: Seele, Andacht. Zeder: Feier des Seins. Fichte: Gebet eines Einzelnen zu Gott.

Ich nahm damals die Zeder mit, als ginge ich zu einer Frau, vielleicht zur schönsten auf der Welt. Drei Tage später lieh ich mir ein Auto aus, fuhr erneut nach Marburg-Niederweimar zu Gerhard Oldiges und gab ihm seine Zeder zurück. Vielleicht ahnte ich, daß alles auf immer so sein würde wie in diesen drei Tagen. Klar und sonnenhell und nie anders. In irgendeinem Film Woody Allens kommt eine Person vor, die gerade einen achtstündigen Orgasmus mit einem zwei Meter langen Laib Weißbrot hatte. Die Person steht am Rand der Debilität.

Wer kann schon Glück aushalten?

Ich nahm doch lieber die Fichte.

In Venedig saß ich da und spielte die Chaconne von Bach. Nie hatte meine Fichte schöner geklungen als in diesem venezianischen Marmorpalast. Ich kam sogar fast fehlerlos durch. Das war im Mai. Die Fenster waren offen.

So einfach war die Welt. Jede Dichotomie macht die Welt einfach, vorausgesetzt, man kann sich für eine Seite entscheiden. Zeder – Fichte. Venedig – Niederweimar. Schreibe nie über Venedig. Schreibe über Marburg-Niederweimar!

In Wahrheit war Venedig ein Abschied, wie immer. Ich hatte vorher einen Kontrakt mit dem Frankfurter Konservatorium unterschrieben. Seit meiner Rückkunft lerne ich Laute, und Gerhard Oldiges' Gitarre liegt im Koffer und war doch zehn Jahre mein Leben gewesen. Immerhin komme ich jetzt regelmäßig am Sudfaß vorbei, unserem berühmten Frankfurter Bordell, denn das Konservatorium liegt gleich dahinter. Endlich wieder Laufhäusermädchen! Wie im Bahnhofsviertel. Da denke ich dann bisweilen an die schönste Frau auf der Welt. Demnächst fahre ich sogar nach Marburg-Niederweimar und bringe Gerhard Oldiges seine Gitarre zurück. Ich kann sie ja nicht mehr benutzen. Sie soll ruhig einmal ein halbes Jahr bei ihm verbringen.

Jemand sollte sie spielen. Immerhin, sie war in Venedig, und es war Mai, und im Nachbarhaus wohnte angeblich Donna Leon, und vielleicht hat Donna Leon sie sogar gehört, während sie gerade über Venedig schrieb und nicht über Marburg-Niederweimar, von dem sie leider nichts ahnte.

Neulich dachte ich an meinen Bart

Neulich dachte ich an meinen Bart. Das passiert immer, wenn ich alte Pressefotos von mir sehe, auf denen ich den Bart noch habe. Derzeit habe ich keinen, dagegen tragen jetzt alle anderen um mich herum Bärte, gut geschnittene, hübsch gepflegte Bärte. Was mich an diesen Bärten besonders stört, sind die stets scharf gezogenen Rasurkanten, ich kann gar nicht sagen, wieso ich so allergisch auf sie reagiere. Plötzlich wuchsen überall diese Bärte, wie der römischen Armee in Asterix Band 1, *Asterix der Gallier.* Aber vergleichen wir einmal den typischen Hip-Bart mit dem Bart eines Wendländers, wo sie seit Generationen Bärte tragen (und überdies jonglieren können). Der Wendlandbart sieht aus wie eine alte Eiche. Da steckt Lebenserfahrung drin, Widerstand. Der reifte jahrelang im rauhen Wind, der kennt Feldarbeit, Schweiß und Hitze. Der hat sich nie im Spiegel angeblickt. Der weiß quasi gar nicht um sich, der ist einfach da, und zwar, so scheint es, schon immer. Sein Ursprung verliert sich im Dunkel der Geschichte. Er ist so etwas wie das bartgewordene Substrat eines ganzen Menschenschlags und insofern in erhöhtem Maße symbolfähig. Wenn der Satz stimmt, daß man im Wendland der Wahrheit näher ist, dann hat diese Wahrheit vornehmlich die Form eines Bartes. Eine bärtig jonglierende Wahrheit. Deshalb sagt man über allgemein bekannte Wahrheiten ja auch, sie hätten einen Bart.

Der Hip-Bart dagegen taucht urplötzlich auf, pilzartig schlägt er sich in einem eben noch bübisch glatten Gesicht nieder und wird auch sofort gestutzt und gehegt und gepflegt und beobachtet und fototechnisch dokumentiert wie das eigene Kind, zu dem man in etwa demselben Verhältnis wie zu diesem Versuchsbart steht. Der Bart als vorübergehende Wunscherfüllung, man hat ein kleines Spatium im Lebensplan zwischen Aromenkochkurs auf La Gomera und Gipfelskisurfen in Nepal und füllt es mit einem Bart. Der Bart wird umhätschelt, ihm gilt die ganze Aufmerksamkeit, Brille und Kleidung werden passend zu ihm ausgesucht, man gewöhnt sich sogar eine bestimmte Gangart und Körperhaltung des Bartes wegen an, man stellt das ganze Leben auf diesen Bart ab, aber natürlich nur interimsmäßig, denn er wird keinen Bestand haben, die nächste Mode kommt um die Ecke geschossen, und schon ist der Bart ab, so wie das ehemalige Wunschkind jetzt Ritalin bekommt, damit es endlich Ruhe gibt.

Diese Neubärte haben auch überhaupt nichts Russisches, dabei war das Urbild des Bartes für mich immer der russische Heiligen- oder Literatenbart. Mein Vorsatz war damals, mir einen russischen Heiligen- oder Literatenbart stehen zu lassen. Ein solcher Bart wird nicht geschnitten, niemals und an keiner Stelle. Es gibt keinerlei Schnittkanten.

Mit der Zeit begann mein Bart zu stinken. Ich nahm das natürlich gar nicht wahr, im Gegensatz zu meiner Frau. Am Anfang fand sie es noch süß, wenn sie durch die Wand des Apfelweinglases beobachten konnte, wie meine ersten, damals noch recht kurzen Oberlippenbarthaare sich in die goldene Flüssigkeit senkten. Der Cheflektor des Suhrkamp Verlags, selbst aus früheren Zeiten erfahrener Bartträger, sagte damals, bald würde ich nur noch mit Strohhalm trinken können. Und tatsächlich hatte ich nicht geahnt, welche Ansprüche ein solcher Bart stellen und welche Schwierigkeiten er einem entgegenbringen würde. Nach fünf Monaten mußte ich, wenn ich morgens meinen Milchkaffee trank, ein großes Handtuch unter ihm ausbreiten, auf welches der Milchkaffee, der von meinem Oberlippenbartteil rann, schadlos herabtropfen konnte. Anschließend wurde der Bart mit Seife gewaschen, erst dann war er wieder gesellschaftsfähig. Meinen Mund hatte schon seit Wochen niemand mehr gesehen, auch nicht beim Sprechen. Mein Mund war nur noch eine Vermutung in meinem Gesicht. Meine Frau wühlte sich auch nur noch sehr selten zu ihm durch. Es waren allerdings nicht bloß die diversen Essens- und Flüssigkeitsreste, die dem Bart Aromenvielfalt gaben, sondern er roch nach ihren Angaben vor allem drüsig. Es muß eine Art von subkutanem Bartschmalz geben, der fortwährend vom Kinn her rückfettet bis weit in den Bart hinein.

Aber soweit ich mich auch mühte mit meinem Tolstoi-Dostojewski-Solschenizyn-Bart und ihn wachsen ließ – alle paar Wochen begegnete ich dem Verleger Klaus Schöffling in Frankfurt. Klaus Schöffling trägt seit je den längsten und unhintergehbarsten Renommierbart in Frankfurt. Er sah mich nicht einmal abschätzig an, damit hätte er meinem Bart schon zu viel Ehre erwiesen. Er lächelte nur dezent. Als der junge Marcel in der *Recherche* zum ersten Mal jener Gruppe junger Mädchen in Balbec an der Mole begegnet, charakterisiert Proust die Mädchen folgendermaßen: »Sie legten allem gegenüber, was nicht zu ihrer Gruppe gehörte, keine posierte Verachtung an den Tag, sondern ihre aufrichtige genügte ihnen schon.«

Einmal rief mir Klaus Schöffling auf der Straße zu: »Mich kriegst du nie.«

Das erinnerte mich an meinen verstorbenen Chemielehrer Jungblut (zeit seines Lebens bartlos, ehemaliger U-Boot-Soldat, Holzbein, korpulent). Eines Tages fuhren wir im Bus – Grundkurs Chemie – zur Henniger Bräu Aktiengesellschaft nach Frankfurt am Main, wo es damals noch einen Turm gab, der Henninger-Turm hieß und den es jetzt nicht mehr gibt. Wir machten eine Brauereiführung, anschließend gingen wir in die Probierstube. Dort tranken wir Bier auf Kosten des Hauses und aßen Würste. Ein Schülerleben. Wir tranken ziemlich schnell, denn der Bus wartete. Irgendwann suchte ich die Toiletten auf, stellte mich an die Pißrinne, und plötzlich erschien dieser Jungblut neben mir, schaute abschätzig und sagte: »Na, Maier, selbst hier ziehst du noch den kürzeren.«

Daran dachte ich, als Klaus Schöffling zu mir sagte: »Mich kriegst du nie.«

Mein Leben, meine Demütigungen.

Neulich stand ich unter Kühen

Neulich stand ich unter Kühen. Ich schaute die Kühe an, die Kühe schauten mich an und bimmelten. Dann rollte ein Ball auf mich zu, eine Art Fußball, aber kleiner, nachlässig aufgepumpt. Ich hob ihn auf und brachte ihn einer Frau. Diese Frau hatte ein derart sonnengegerbtes, tiefrotes, gesundes Gesicht, wie es nur jemand haben kann, der seit Jahrzehnten Tag für Tag unter alpiner Sonne sitzt. Die Frau grabschte nach ihrem Ball, versuchte mich anzulächeln, woraus sogleich eine seltsame Fratze wurde, und dann entfuhr ihrem Mund ein kleiner Schrei oder Freudenjuchzer. Ich stand gerade im Eingang zum Schloß Schernberg. Dort war ich hingewandert, weil ich das Schild »Schloß Schernberg« gelesen und gedacht hatte, jetzt gehst du mal das Schloß hier besichtigen, von dem alle reden. Schloß Schernberg ist eine Irrenanstalt, das hatte mir allerdings keiner gesagt.

Später lag ich in einem Moorsee, ließ mich vor mich hin treiben und dachte nach. Nun bist du 46 Jahre alt, überlegte ich, längst bist du über die Hälfte deines Lebens hinaus, und alles ist stets anders gekommen, als du vorher meintest. Am Anfang wolltest du noch in die große Welt hinaus, bist durch Europa getrampt wie Georg Danzer, als könnte das helfen ... Musikbands ... Philosophie ... Mädchen ... Dostojewski ... und stets ein Bier in der Hand, in Spanien, in Frankreich, in Griechenland ... Dann der Traum von der großen Einsamkeit auf dem Wetterauer Land ... ja, als ich zweiundzwanzig Jahre alt war, träumte ich wirklich davon und sagte mir, jetzt ziehst du nach Münzenberg oder nach Rockenberg und schaust dort von deinem Fachwerkhaus auf das Fachwerkhaus gegenüber, dahinter das weite Wetterauer Land, und lebst ein Leben in Stille und im Geruch von Stallmist und Schlachtwurst, und dann wirst du auch so riechen, nach Stallmist und Schlachtwurst, und wirst glücklich sein, eine Frau an deiner Seite, und all das zusammen in diesem undefinierbar halbdepressiven Zustand, der mir ohnehin schon immer am erstrebenswertesten erschien. Aber daraus wurde nichts. Irgendwann zog ich in das Haus meiner Großmutter und wurde Schriftsteller. Bereiste Stadt um Stadt, nur um am nächsten Tag wieder über alle Berge zu sein. Begann von Straßen zu schreiben.

Neulich saß ich in Braunschweig in der Maske, kurz vor meinem Auftritt. Ich betrat die Maske, sie war leer, vor mir ein großer Spiegel, umrahmt von nackten Glühbirnen. In tausend Hollywoodfilmen habe ich sie vor diesen Spiegeln gesehen, die alten Diven, die Clowns, beim Abschminken nach der Vorstellung, abgehalftert und einsam. Da sank ich erschöpft auf den Stuhl vor dem

Spiegel und dachte: Das ist nun dein Leben. Du tingelst, draußen das Publikum, drinnen (in dir) die Leere, anschließend das Geld im Portemonnaie. So muß sich Rex Gildo am Ende gefühlt haben, bevor er aus dem zweiten Stock sprang (tags zuvor war er noch in der Wetterau aufgetreten, im Möbelhaus »Wohnparadies« in Dortelweil bei Bad Vilbel, damals schon umgangen von der Ortsumgehungsstraße). Ich schaute in den Spiegel und sah – nicht einmal eine Fratze. Ich sah ein etwas müdes, immer noch ansehnliches, von zarten Falten durchspieltes Gesicht. Das Braunschweiger Tingelgesicht. Jetzt bist du seit vierzehn Jahren Schriftsteller, und du mußtest nach Braunschweig kommen, genau hier in diese Garderobe, um zu verstehen, was aus dir, aus uns allen, überhaupt aus der ganzen Schriftstellerei geworden ist. Von Oslo bis zum Bodensee, von Butzbach bis Berlin, eine Garde der Tingler, mit der Schriftstellereiuniform aufgehübscht als Tanzäffchen, den Klingelbeutel in der Hand. Wir haben uns allesamt zu Idioten gemacht. Jeder von uns. So dümpelte ich im Moorsee in Goldegg und dachte an Braunschweig. Und nun, sagte ich mir, wird alles immer so weitergehen. Du schreibst ein Buch und tingelst es ab, dann schreibst du ein Buch und tingelst es ab. Und selbst wenn du es nicht abtingelst, tingelst du es ab, weil Nicht-Abtingeln auch Abtingeln bedeutet. Die angeblichen Nicht-Abtingler, das sind die Leute, die überall Interviews an allen Stellen im Literaturbetrieb geben und in all diesen Interviews immer behaupten, sie würden nie wieder Interviews im Literaturbetrieb geben. Ich kenne

Leute, die machen so etwas seit dreißig, vierzig Jahren. Seht ihr, so war Rex Gildo nicht. Der spuckte seinem Publikum nicht ins Gesicht. Der sprang wenigstens aus dem Fenster, weil er sein Publikum nicht mehr aushielt. Hut ab. Wir tingeln weiter, und Rex Gildo wurde zum Philosophen, für alle Zeiten verewigt im »Wohnparadies« in Bad Vilbel-Dortelweil. Noch einer der ganz Großen in der Wetterau, meiner Heimat. Wer kennt schon Schriftsteller? Wer ist Walser, wer Handke? Selbst wenn man unter den normalen Leuten, also dem Publikum, schon mal die Namen gehört hat, so verbinden die meisten Walser höchstens mit seinen Augenbrauen oder irgend etwas Unangenehmem, was er mal irgendwo gesagt hat oder nicht gesagt hat, und Handke verbindet man mit etwas Ähnlichem, mehr nicht, und auf der Straße erkennen sie nur Eingeweihte. Dagegen kennt Rex Gildo die ganze deutsche Welt, und seinen philosophischen Fenstersprung kennt ebenfalls die ganze deutschsprachige Welt, das war tagelang auf der Titelseite der *Bild*. Das ist wirkliche Größe. Mit einer einzigen Tat der Welt ins Gesicht gesprungen, und niemand wird es je vergessen. Dagegen können wir einpacken. Was ist unser Geschreibsel gegen diese eine große, umfassende, dithyrambische Tat, eine Tat von klassischer Wucht, ähnlich der des Gaius Mucius Scaevola, der vor Porsenna seine rechte Hand verbrannte, ohne mit der Wimper zu zucken, und dadurch Nachruhm für alle Zeiten erfuhr, oder wie Sokrates mit seinem Schierlingsbecher. Und gesungen hat von dieser Tat des Rex Gildo nicht einer von uns, von uns kleinmütigen Tingelliteraten, die ohnehin kaum ein Ohr erreichen, sondern die große *Bild*-Zeitung, die eigentliche Stimme unserer Zivilisation, ihr episches Abbild, der Homer der Gegenwart, die Chronistin der wirklichen Geschichte, die allein wahre Größe und wahre Kleinheit verleiht.

So trieb ich im Moorwasser, und mein Tingelgesicht entspannte sich wie das von Robert de Niro am Ende von *Once Upon A Time In America*, als er die Opiumpfeife ansetzt. Alles wird ab nun immer so weitergehen, du kleiner Literat, du Wicht unter Wichten; und als ich kurz darauf meine Frau anrief und ihr von meinen Moorseegedanken erzählte, sagte sie: »Willst du etwa deinen Beruf wechseln? Willst du acht Stunden ins Büro jeden Tag, makabre dreißig Tage Urlaub im Jahr? Sei zufrieden, besser geht es doch nicht.«

Ich aber dachte an Rex Gildo. Und dann ging ich, das Moorwasser vom Körper gewischt, ins Restaurant (»Hecht«) neben dem See, um dort Hecht zu essen, den der Wirt am Morgen aus dem See gefischt hatte.

Zwei Monate lang war ich unter Kühen und Irren, im Moorsee und im »Hecht«. Sie stellten mir Nieren oder Beuschel auf den Tisch, öffneten mir die Weinflasche, und am Ende schütteten sie mich noch mit Vogelbeerschnaps zu. Ich zahlte nie einen Pfennig dafür. Der Wirt lud mich stets ein, und auf seinen Tischdeckchen standen Thomas-Bernhard-Zitate über Leute, die vom Salzburger Mönchsberg hinuntergesprungen sind wie Rex Gildo aus seinem Fenster. Bernhard allerdings schrieb nur immer übers Hinunterspringen und sprang nie. (Und gab ständig Interviews, in denen er sagte, daß er nie Interviews gebe.)

Der »Hecht« ist drei Kilometer von Weng entfernt, da spielte Bernhards erster Roman. Die Familie Bernhards ist in der Gegend immer noch bekannt. Man begegnet hin und wieder dem Bruder Peter Fabjan. Allerdings sind hier die Maßstäbe andere. Wenn der Peter Fabjan als Medizinalrat mit dem Thomas Bernhard als Weltliterat durch die Gmundener Straßen lief, also durch die Heimat, dann wurde der Medizinalrat gegrüßt und der Weltliterat nicht, einfach weil den Weltliteraten niemand kannte, und wenn, dann war er stets bloß der Halbbruder vom Herrn Medizinalrat. Neulich stieg ich mit Peter Fabjan aufs Heukareck. Der Mann ist in sehr guter körperlicher Verfassung. Und die Gespräche mit ihm sind immer angenehm. Er redet auch nie vom Herunterspringen (»-hupfen«). Wirkliche Größe ist schlicht. Und springt oder schweigt.

Neulich begann ich zu zittern

Neulich begann ich zu zittern. Das war in Venedig, genauer gesagt in der Lavena-Bar auf dem Markusplatz. Ich stand am Tresen, aß ein paar Oliven und trank meinen dritten Spritz. Ich sollte vielleicht etwas ausholen. Kurz vorher hatte ich in Harry's Bar zwei Martinicocktails zu mir genommen. Meiner Erinnerung nach waren wir davor im Vino al Bottegon gewesen, aber da hatte ich nur zwei oder drei Gläser Wein getrunken und ein paar Kleinigkeiten gegessen. Mittags hatten wir uns (vier Stunden vor dem Beginn des Zitterns) schon einmal im Lavena getroffen und einige erste Spritz getrunken. Am frühen Morgen war ich auf den Rialtomarkt gegangen, um Fisch zu kaufen. Kurz nach acht hatte ich unweit des Marktes, im Do Mori, zwei Prosecci getrunken, um mich aufrecht zu halten. Dabei habe ich mich sehr nett mit dem neuen Wirt unterhalten, einem Venezianer, er mag die Stadt Brighton und sieht auch so aus. Ich kannte den Wirt noch gar nicht, dabei ist er schon acht Jahre im Do Mori. Das Do Mori war früher so etwas wie das Gemalte Haus Venedigs.

Nun, der Tag vorher hatte ähnlich ausgesehen, die Tage davor ebenfalls. Ich sollte auch noch sagen, daß das Lavena mich vielleicht deshalb so in die Knie zwang, weil ein kleines Orchester ständig geradezu erniedrigend schöne Melodien spielte, die nur ab einem bestimmten Spritz-Grad erträglich, dann aber um so wundervoller waren. Bei *O Sole Mio* haben wir stehend applaudiert und hatten allesamt Tränen in den Augen. Dem Barkeeper sagte ich, er solle die Cerealien wegstellen. Ich stieg in dieser Woche Venedig sukzessive auf kleine saure Gurken und Zwiebeln um.

Ich muß noch weiter ausholen. Robert Theobald, der Wirt der Frankfurter Apfelweinwirtschaft Zur Buchscheer, hat im letzten Herbst – ja, eigentlich fängt es damit an – nicht nur seinen normalen Streuobstwiesenapfelwein gemacht, sondern auch ein paar hundert Kilo sortenreinen Boskoop verkeltert. Diesen Boskoop begann er am 16. Februar auszuschenken. Ich selbst hatte am Aschermittwoch zu trinken aufgehört, drei Tage vorher.

Bis Venedig wollte ich gar nichts mehr trinken, begann nun aber am 18. Februar, am dritten Tag des Ausschanks, Boskoop zu trinken. Ich ging jeden Tag in die Buchscheer und trank ab vier oder fünf Uhr abends Boskoop, bevor ich in meine eigentliche Stammwirtschaft überwechselte, die Drei Steuber, die glücklicherweise nur noch vier Tage in der Woche geöffnet hat.

Der Boskoop hat eine auf Dauer entgrenzende Wirkung, ähnlich wie Wodka. Das funktioniert aber nur, wenn man ihn über Wochen ganz kontinuierlich in sich hineinfließen läßt. Man wird automatisch weniger, wie bei einer religiös motivierten Askese, und der Geist weitet sich, oder sagen wir, etwas im Geist wird seltsam feierlich und hebt alles um dich herum auf eine neue Stufe, auf der die Dinge wertvoller erscheinen als sonst. Die ganze Welt wirkt angehoben.

Ich habe es schon immer als einen der außergewöhnlichen Vorzüge des Wirtsberufs angesehen, seinen Gästen beim kontinuierlichen Sterben zusehen zu können – das man übrigens eigenhändig bei ihnen herbeiführt.

Und ich habe es immer als einen großen Vorzug des Gast-Seins gesehen, daß sich die eigene Sterbeweise phänomenologisch gar nicht als solche ausnimmt, sondern als etwas ganz anderes.

Venedig war auch sonst wüst. Abends holten wir in mehreren Eineinhalbliter-Plastikflaschen Prosecco aus dem offenen Ausschank und tranken die ganze Nacht. Was anschließend so passierte, ist mir nicht mehr ganz klar.

Nun, zurück in Deutschland, vibriere ich dauerhaft wie ein feiner Motor. Es ist ganz unmerklich. Es ist, als spürtest du das Leben in dir selbst, aber als eigenes, von dir losgelöstes Substrat. Übrigens vibrieren nicht nur die Hände. Nein, auch die Arme, die Schultern, manchmal der ganze Brustkorb, bisweilen alles. Es vibriert wie bei einem Kuß. Natürlich nicht wie bei irgendeinem Kuß. Nein, das muß schon *der* Kuß sein, vielleicht der, auf den man sein Leben lang gewartet hat.

Schließlich war ich bei meiner Ärztin. Ich kenne sie etwas näher, wir treffen uns manchmal auf Partys. Parkinson schloß sie nach einigen Tests aus. Alkoholtremor zog sie nur bedingt in Erwägung. Mein Blutbild war übrigens so sauber wie das eines gesunden Säuglings. Meine Leber geradezu eßbar, so rein. Ratlos, wie sie war, fragte sie mich, ob ich verliebt sei. Es gebe Leute, die müßten ins Krankenhaus eingewiesen werden, weil sie so verliebt seien, daß es ihren ganzen Körper lahmlege. Manchmal wüßten sie nicht einmal, daß sie verliebt seien. Das habe bisweilen durchaus etwas Überpersonales.

Ich schaute sie einigermaßen fassungslos an.

Neulich in Freiburg

Neulich erhielt ich mal wieder eine Einladung nach Freiburg. Ich fahre gern nach Freiburg, auch wenn die Stadt bekanntlich durch den Sänger der Hamburger-Schule-Band *Tocotronic* übel beleumundet ist. Aber jede Stadt ist durch irgendwen übel beleumundet. Göttingen etwa durch Heine. Ich habe neulich zufällig einen Song der neuen *Tocotronic*-Platte gehört, es ging um Jugend. Es war, als sängen sie noch einmal über sich selbst vor 20 oder 25 Jahren. Sie beschreiben das, was sie damals waren, als eine fremde, irgendwie unterentwickelte, quengelige, bemitleidenswerte und nicht wirklich ernst zu nehmende Spezies. Mich hat das an Günter Grass erinnert. Der beschrieb sich auch als fremd und unterentwickelt, als er der SS beigetreten war. Das war ja ein ganz anderer, sagte Grass sinngemäß, das war noch gar nicht ich! Den Reifegrad des späten Grass haben nun also auch *Tocotronic* erreicht, aber ich habe den Song, wie gesagt, nur zufällig gehört.

Der Sänger hat in Freiburg studiert. Danach zog er nach Hamburg. Das habe ich neulich auch gemacht, nach Hamburg ziehen. Aber da war ich immerhin schon ich.

Nach Freiburg ging auch unsere Hochzeitsreise, das war im Jahr 2009. Eben hatten wir im Frankfurter Römer geheiratet, dann hatten wir noch Schlachtplatten im Gemalten Haus bestellt, und dann fuhren wir schon nach Freiburg. Das erste, was in Freiburg geschah: Es regnete. Meine Frau, die am Morgen noch meine Freundin gewesen war, ging deshalb in einen Billigkleidungsladen (H&M oder so etwas) und kaufte sich einen grünen Billigmantel. Diesen Mantel wiederum lieh sich die Wirtin des Gemalten Hauses nach unserer Hochzeitsreise aus, um damit stilecht aufs Grüne-Soße-Festival zu gehen, welches jedes Jahr kurz nach unserem Hochzeitstag in Frankfurt am Main stattfindet. Ich glaube, die Wirtin trug sogar grüne Schuhe zu jenem Mantel.

Unsere Hochzeitsreise dauerte zwei Tage bzw. Nächte. Das heißt, auch die Hochzeitsnacht verbrachten wir in Freiburg. Das wird mir eben in diesem Moment erst klar: Meine Hochzeitsnacht fand in Freiburg statt! Die haben andere irgendwo im Pazifik. Wir aber im Hotel Oberkirch, Münsterplatz, mit Kirchturmblick.

In Freiburg gehe ich immer ins Oberkirch, das werde ich auch diesmal tun. Freiburg läuft immer gleich ab, seitdem ich Schriftsteller bin. Ich bin jetzt seit fünfzehn Jahren Schriftsteller, und seit meinem ersten Buch fahre ich nach Freiburg. Ursache ist der dortige Buchhändler Michael Schwarz. Er führt deutschlandweit die einzige Buchhandlung, die mich, quasi wie in einem Abonnement, bei ausnahmslos allen meinen Büchern zu Lesungen einlädt (abgesehen von meiner Heimatbuchhandlung in der Wetterau). Am liebsten würde ich schreiben, er »ist« die Buchhandlung, statt er »führt«. So wie ich die Tochter des Buchhändlers der Bindernagelschen Buchhandlung in Friedberg auf der Kaiserstraße gern »Tochter der Bindernagelschen Buchhandlung« nennen würde, aber die Tochter der Bindernagelschen Buchhandlung ist immer dagegen, daß ich sie in meinen Büchern so nenne, und zwar mit dem Einwand, sie sei nicht die Tochter einer Buchhandlung.

In die Tochter des Buchhändlers der Bindernagelschen Buchhandlung auf der Kaiserstraße in Friedberg in der Wetterau war ich früher verliebt, das unterscheidet sie von Michael Schwarz in Freiburg im Breisgau. In meinem jüngsten Roman, den ich in der Bindernagelschen Buchhandlung in Friedberg in der Wetterau und zwei Tage später bei Michael Schwarz in Freiburg im Breisgau lesen werde, habe ich über die Buchhandlungstochter geschrieben, daß ich, als ich achtzehn war, gedacht hatte, sie könnte später meine Trauzeugin werden. Wurde sie nicht. Dafür ging meine Hochzeitsreise (inkl. Hochzeitsnacht) nach Freiburg zu Michael Schwarz.

Mein Freiburger Buchhändler organisierte die komplette Reise. Am zweiten Tag unserer Hochzeitsreise saßen wir irgendwo vor Freiburg mitten in irgendeinem Tal zwischen Kühen und betrachteten die Gänseblümchen. So hatten wir uns unser Leben immer vorgestellt.

Als er seine Buchhandlung vor fünfzehn Jahren eröffnete, bestand seine erste Schaufensterauslage ausschließlich aus Thomas Bernhards *Auslöschung*. Damit wollte er in Freiburg ein Zeichen setzen, vermute ich. Immerhin heißt der Mann nach der Thomas-Bernhard-Farbe Schwarz. So hat er auch seine Buchhandlung genannt: *Schwarz*.

Die erste Lesung, die er veranstaltete, war dann mit mir. Ich war ja anfänglich so etwas wie Thomas Bernhard für geistig Arme (Tilman Krause). Obgleich ich auch da schon ich war. Jetzt bin ich 47 und immer noch ich. Immer noch warte ich darauf, daß endlich passiert, was bei Günter Grass und *Tocotronic* passiert ist, nämlich daß ich nicht mehr ich bin, sondern endlich ich, also ein anderer. Ich habe diese Ich-Wechselei übrigens zum ersten Mal begriffen, als ich die Sekretärin Hitlers im Interview gesehen habe, die war früher, bei Hitler, auch nicht sie gewesen, und später war sie dann nicht mehr die von früher und konnte sich das alles gar nicht mehr vorstellen.

Bei Michael Schwarz bin ich jetzt seit fünfzehn Jahren ich. Die Lesungen finden an ungewöhnlichen Orten statt. Mal irgendwo an einem Bächlein, dann auf einem Parkplatz mit Würstchenbude, aber meistens lese ich in einem Weingut um die Ecke der Buchhandlung, und nicht selten bringe ich Apfelwein mit, den der Winzer dann dem Publikum verkauft, was ihn freut – am Gewinn bin ich nicht beteiligt.

Dieses Jahr haben wir beide Jubiläum, Michael Schwarz und ich. Beide werden wir fünfzehn. Zusammen sind wir schon dreißig. Ich bin die Jubiläumslesung. Wahrscheinlich werde ich irgendwann auch seine letzte Lesung sein. Einmal lud er Herta Müller zu Gast, da war sie noch keine Literaturnobelpreisträgerin. Als der Lese-Termin kam, war sie Literaturnobelpreisträgerin. Seitdem gilt Michael Schwarz als Großveranstalter.

Soviel zu Freiburg.

Neulich war der Peter bei mir

Neulich saß mal wieder Peter Kurzeck bei mir auf dem Sofa. Mit Peter ist es immer das gleiche. Meistens ruft er an, das macht er fast täglich, und ich glaube, telefonieren ist ihm das wichtigste. Peter kann nicht allein sein, aber er gleicht das weniger durch Anwesenheit als per Telekommunikation aus. Er ist diesbezüglich denen ähnlich, die heute den Hauptteil ihres Lebens in sozialen Netzwerken verbringen, dort sind die betreffenden Menschen auch nie allein, irgendwie. Sie sind dann immer halb mit jemandem zusammen. Der Peter ist zwar einerseits fast das ganze Jahr an einem Ort im Ausland, früher in Uzès, jetzt im Himmel, aber von dem anderen Ort aus kontaktiert er den ganzen Tag irgendwen, davon handelt auch sein neuestes Buch, *Bis er kommt*. Immerfort die Telefonate mit Jürgen in Frankreich. Der ganze Jürgen im Buch ist nur telekommunikativ verfügbar, gleichsam virtuell, damit hat Peter unzweifelhaft einen eher modernen Roman geschrieben, obwohl er im Jahr 1983 spielt. Schon damals war Peter von der Kommunikationssucht getrieben gewesen, vielleicht löste sie seine Alkoholsucht ab.

Da Peter kein Mobiltelefon hat, läuft er den halben Tag von einem Telefonladen zum nächsten, um seine Bekannten anzurufen, auch mich. Schon die Deutsche Post, die damals Telefonanbieter war, Anfang der achtziger Jahre (als es das Wort Telefonanbieter noch gar nicht gab), hat er als soziales Netzwerk benutzt, wo andere noch bloß an Informationsaustausch dachten. Davon handelt sein neues Buch. Es ist, so gesehen, ein Telefon-Buch. Wir machen es übrigens immer so, daß der Peter mich anruft und nicht umgekehrt, denn er hat Übung darin, sich die billigsten Tarife auszusuchen, und ich habe keine Ahnung, was ein Anruf ins Himmelsreich kostet. Manchmal erzählt er von dort, er gehe da viel spazieren und er verstehe niemanden, weil er die Sprache nicht spreche. Ich bin im Himmelreich, aber ich spreche die Sprache nicht, sagt er. Und: Vielleicht bin ich gerade deshalb im Himmelreich. Genau wie er früher immer gesagt hat: Ich lebe zwar in Südfrankreich, aber ich spreche kein Französisch, und vielleicht bin ich genau deshalb in Frankreich.

Peter kann zwar nicht allein sein, aber erlebt die anderen gern aus der Distanz, einfach weil er es so besser ertragen kann. Wenn er über Bianca spricht, sagt er, immer wenn wir uns sehen, denke ich, es ist wunderbar, aber ich muß verbrennen, wenn wir zusammen sind. Erzählt er von seinen Spaziergängen im Himmel, klingt es nicht wesentlich anders als vor seinem Umzug, wenn er von seinen Spaziergängen in Frankreich erzählt hat. Er redet vom Licht und vom Wind und wie trocken es ist und wie klar alles. »Ein Licht, daß man es kaum aushalten kann.«

So war es ja auch schon in den Cevennen. Und so ist es auch nachmittags in einer Frankfurter Apfelweinwirtschaft, wenn das Licht von draußen durch die Butzenscheiben ins Glas scheint und der Apfelwein metaphysisch zu leuchten beginnt. Wir wissen allerdings: Ruft der Peter an, redet er fast immer nur von der Arbeit und wie es mit dem neuen Buch ist, und er erzählt seine Geschichten weiter, denn das ist sein Leben. Seitdem ich ihn kenne, redet er von Jürgen und Pascale und von den Telefongesprächen mit Jürgen zur damaligen Zeit. Ich habe inzwischen vollkommen den Überblick verloren und beneide manchmal Menschen, die mit Peter gar nicht bekannt sind, sondern bloß seine Bücher lesen, die also nur etwa den fünfzigstel Teil seiner Geschichten kennen, denn sie dürften sich viel besser orientieren können als ich. Die Leute sind auch immer so erstaunt über Peters Hörbücher, die er frei eingesprochen hat, ohne vorher den Text niedergeschrieben zu haben. Keines dieser Hörbücher überrascht mich, denn er hat mir vorher alle mindestens dreimal erzählt, immer nur unmaßgeblich variiert und immer auf meinem Sofa. Die Geschichte mit dem im Zug davonfahrenden Koffer kenne ich seit zehn Jahren. Anderes hat er in seinen Büchern noch nicht erzählt, etwa wie er zusammen mit Günter (Sare) einmal in Oberrad fast in eine Schlägerei verwickelt wurde und Günter ihn da rausgeboxt hat. Das habe ich noch irgendwo auf Tonband. Oder wie er vor Jahrzehnten in Frankfurt in irgendeinem Stadtteil bei einem Bekannten gewohnt habe, der zahllose Glasballons mit Kirschwein im Keller hatte, dessen permanenter Genuß bei Peter zu völlig psychotischen Zuständen geführt habe. Und und und. Übrigens hat mir Peter zu der Zeit, als er *Vorabend* geschrieben hat, jeden Tag von diesem Buch erzählt, anfänglich immer die Szene mit den Mädchen im Kino und daß er da noch ein Kapitel vorneweg schreiben müsse. Ich sagte ihm, er müsse kein Kapitel vorneweg schreiben. Irgendwann habe ich dann nichts mehr dazu gesagt.

Eine Zeitlang hat er mich dann auch nicht mehr besucht und auch nicht mehr angerufen, aber jetzt ist er, wie früher, immer mal wieder da, wenn er wie jedes Jahr seine drei Monate in Frankfurt verbringt. Er hatte es schon von Uzès aus so gemacht, daß er herkam, um hier Lesungen zu halten und Geld zu verdienen. Da sind so Idioten in Paris, sagte er beim letzten Mal vor einigen Tagen, und daß er in diesem Café oder Restaurant auch schon gesessen habe, wo die jetzt mit ihren Maschinengewehren geschossen haben, und wie er dann immer vom Gare de L'Est losgefahren sei und mit seinen letzten Francs einen kleinen Kaffee in einer Bar am Gare de L'Est bezahlt habe, und manchmal habe er in dem Café noch eine Weile seinen Koffer stehen lassen, weil er noch einmal habe telefonieren müssen, und dann habe er ganz die Zeit vergessen und wie immer fast den Zug verpaßt und so weiter. Alle diese Geschichten müsse er irgendwann aufschreiben. Als er einmal im Frankfurter Karmeliterkloster darauf hingewiesen wurde, daß er seine zahllosen Buchprojekte doch gar nicht abschließen könne, weil er vorher sterben werde, hat er gesagt, wo sei das

Problem, dann schreibe er eben als Engel weiter. Mir war als einer der wenigen klar, daß er das völlig ernst meinte. Deshalb ist ja jetzt auch sein neues Buch herausgekommen. Moment, gerade klingelt das Telefon!

Neulich wurde ich mal wieder unpolitisch

Neulich wurde ich gefragt, warum ich so unpolitisch sei. Wenn ich überhaupt über etwas schreibe, dann über den Herbst (*Chrismon*), über Udo Jürgens (*FAZ*), über Spinnen oder Eichhörnchen oder Schafe (*WDR*), über Naturkundebücher (*Die Zeit*), vor einiger Zeit habe ich zum Beispiel über das neue Gotteslob geschrieben (in der Zeitschrift *Communio*). Mein Maximum an politischen Texten waren die über die deutsche Atomwirtschaft.

Wieso schreibe ich nicht häufiger über relevante Themen? Ich bin so weit weg vom Schuß, daß ich nicht einmal bei irgendwelchen Unterschriftenaktionen gefragt werde, ob ich teilnehmen will. Das liegt nicht daran, daß keiner meine Adresse hat, ich falle einfach niemandem ein.

Dabei gibt es wichtige Diskurse. Krieg und Haß. Waffenexport. Internet. Überwachung. Monopole. Ökologie. Oder, nur mal als Beispiel: Fernsehzwangsgebühren (die zahlen meine Frau und ich auch, aber wir haben gar keinen Fernseher, ich schalte nicht einmal in Hotelzimmern den Fernseher ein).

Und genauso wichtig und notwendig (heißt es immer) wie die Teilnahme an öffentlichen Diskursen sei es, sich nicht über die fortschreitenden Gefahren hinwegzutäuschen, wenn größere Teile der Bevölkerung *nicht* an ihnen teilnehmen. Beispiel: Ich kenne zahllose Kneipenalkoholiker, die am Buffet mit großer Geste zu sagen pflegen, »die« könnten sie im Internet und über ihr Mobiltelefon aushorchen, wie »sie« wollten, das sei ihnen völlig egal, sie hätten gar nichts zu verbergen. Natürlich gibt es jetzt eine ganze Front von Menschen, die immer lauter sagt, daß diese Ansicht (»ich habe nichts zu verbergen«) nicht nur falsch, sondern katastrophal sei. Und das sagen diese Leute völlig zu Recht, denn über fortschreitende iGesichtserkennung und iStandortbestimmung etc. wird die iKrankenkasse bald sehr genau wissen, welcher iApfelweintrinker gerade mal wieder in der Wirtschaft ist.

Warum schreibe ich nicht über all das?

Zu Hause sitze ich herum, vom Konto meiner Frau werden monatlich die Zwangsfernsehgebühren abgebucht, aber ich spiele Laute. Ich sitze da, spiele Francesco da Milano und beschäftige mich mit einzelnen Takten manchmal mehrere Stunden lang (Francesco da Milano, geb. 1497). Während dieser stundenlangen Beschäftigung mit einem Milano-Takt sterben Tausende Menschen durch Hunger und Krieg, werden zahllose Tonnen CO_2 in die Luft geblasen, die Weltmeere und Äcker plastifiziert und in der BRD durch den Autoverkehr immerhin auch stets mindestens einer (oder eine) totgefahren.

Warum Milano? Geht es nicht darum, unser aller Tun in bessere, in gute Bahnen zu lenken? Wir haben doch Kinder! Die Gefahren sind doch inzwischen offensichtlich!

Jetzt schreibe ich ständig Romane über Kindheit, Jugend, Heimat, Wetterau, da kommen seltsamerweise dauernd Autos und Ortsumgehungsstraßen vor, manche halten das für eine manische Fixierung. Ortsumgehungsstraßen, das ist überhaupt nicht relevant. In einem ganz frühen Roman schrieb ich einmal den Satz »Wenn die Mutter das Kind mit dem Auto von der Schule abholt, dann existiert in diesem Augenblick für die Mutter nur sie selbst und das Kind«. Dieser Satz ist damals überhaupt nicht verstanden worden (jetzt regen sich alle über Autokindsmütter und -väter auf, die die Straßen blockieren, wenn sie ihr Kind von der Schule abholen, aber das meinte ich damals, ehrlich gesagt, auch nicht). Neulich hat mir jemand von einer Rezension erzählt, in der es hieß, es sei schon ganz o. k., was ich schreibe, und einfach nur ein Heimatdepp, wie einige behaupteten, sei ich zwar wirklich nicht, aber was in der *Bravo* früher so drinstand, das wisse er selbst, das sei nicht interessant. (In einem meiner letzten Romane kam die *Bravo* vor.)

Elfter September war spannender. War auch extrem relevant. Da haben alle drüber geschrieben (Ausnahme: Peter Kurzeck, der hat nicht mal darüber gesprochen).

Selbst mein Bruder, fünf Jahre älter als ich, ausgebildeter Marxist, rhetorisch wirklich gut drauf, dessen Denken dem meinen größtenteils deckungsgleich ist, fragt immer wieder, wieso ich über all das denn nie schreibe. Ich hätte doch ein Forum, hätte Leserschaft, könne Leute erreichen! Er nennt meine Literatur immer so spannend wie halbstilles Mineralwasser, man könne es problemlos trinken, merke gar nicht, daß man gerade was trinke, und habe es sofort wieder vergessen.

Trifft auch auf diese Kolumne hier zu: bezieht keine Stellung, will nichts, steht einfach nur so da.

Ein Freund von mir, Gerhard Ernst, Philosophieprofessor in Erlangen, gebürtig aber als Pfälzer, sagte vor Jahren zu mir über das deutsche Fernsehen bzw. Zeitungen oder überhaupt die Öffentlichkeit (die ja nur existiert, insofern man sie anschaltet), man könne das auch abschalten, und dann existiere es gar nicht. Dafür zahlt auch er jetzt jeden Monat siebzehn Euro Zwangsgebühr.

So, jetzt habe ich das alles mal gesagt. Nein, habe ich nicht. Ich fliege nämlich auch nicht in den Urlaub. Ich fliege überhaupt nicht. Ich fahre seit langem kein Auto. Ich fliege auch nicht zu Weltverbesserungskonferenzen. Ich bin völlig verantwortungslos. Und weil ich so verantwortungslos bin, fliege ich nicht, fahre ich nicht Auto, habe ich kein iPhone, lese ich keine Zeitung, esse ich keine Tiefkühlpizza, gehe ich nicht in den Supermarkt, gehe ich nicht zu Fastfoodketten und bin, kurz gesagt, vollkommen unpolitisch. Tatsächlich bin ich das. Das ist nämlich das ganze Geheimnis: Ich habe einfach keine Lust zu fliegen, keine Lust, Auto zu fahren, keine Lust auf iPhones, keine Lust, den *Spiegel* oder sonst etwas zu lesen, keine Lust fernzuschauen, keine Lust, Tiefkühlpizza zu essen, ich habe keine Lust, in den Supermarkt zu gehen, ich habe keine Lust auf Fastfoodketten. Ich habe nicht einmal Lust, das zu politisieren, das machen andere, und die fliegen dann vielleicht auf ihre Konferenzen und i-phonen sich durch die Gegend und schieben aus Zeitnot dann und wann eine Tiefkühlpizza rein.

Neulich habe ich das Bild einer Malerin gesehen, die immer wieder ihre Kinder malt, manchmal auch sich selbst. Das Bild zeigt, wie die Frau mit geschlossenen Augen auf dem Fußboden liegt, auf dem Rücken, und die Hand ihres Kindes hält, das neben ihr auf dem Fußboden liegt, ebenfalls auf dem Rücken. Das Kind hat die Augen geöffnet. Das Bild sagte mir etwas, ich konnte es aber zunächst nicht genau erklären. Ich kaufte es, es hängt vor mir an der Wand.

Eigentlich wollte ich in dieser Kolumne über Fernsehzwangsgebühren schreiben. In der Tat, das wollte ich. Kann ich aber nicht, der Text wird automatisch anders. Immer kommt etwas dazwischen. Zum Beispiel kommen die dazwischen, die sich über Fernsehzwangsgebühren aufregen und mich fragen, warum ich darüber nichts schreibe, und mir dann von ihrem Urlaubsziel erzählen, zu dem sie gleich hinfliegen. Ich bin aber nicht nur gegen Fernsehzwangsgebühren, ich bin auch gegen Urlaubsziele!

Ich betrachte das Bild mit der Frau und dem Kind, ein augenscheinlich vollkommen unpolitisches Bild, gemalt von einer vollkommen unpolitischen Person, einer Person ohne Diskursteilnahme. Allerdings: Aus den Mundwinkeln der abgebildeten Malerin spricht ein dezenter Schmerz. Ihr Körper scheint vor nervöser Spannung zu vibrieren. Kaum merklich. Das Bild ist voller Unruhe, seltsam, dabei könnte man es zunächst für ein Bild voller Ruhe halten. Offenbar bleibt die Frau nur so still, damit das Kind nichts von dieser Unruhe merkt. Beim flüchtigen Betrachten sieht es so aus, als würde die Frau einfach nur schlafen. In Wahrheit scheint sie aus unterdrückter Panik da zu liegen. Unterdrückt wegen des Kindes, es soll nichts von ihrer Panik ahnen. Und es ahnt auch nichts von ihr.

Vielleicht ist das ja die Antwort auf die Frage, warum ich so unpolitisch bin.

Neulich bin ich alt geworden

Neulich wurde mir bewußt, daß ich alt geworden bin. Dinge, die ich früher gern gemacht hätte, aber möglicherweise peinlich fand, so daß ich sie nicht machte, tue ich jetzt einfach. Zum Beispiel endlich hemmunglos über die Nachgeborenen, die neuen Generationen ablästern. Nein, ablästern ist schon zu jugendhaft, zu modern gesagt. Ich sollte lieber sagen: Endlich über sie »den Kopf schütteln«. Greise, so wie ich sie noch in meiner Jugend erlebt habe, lästerten nicht ab. Greise von damals kannten das Wort »ablästern« gar nicht. Greise, so wie ich sie erlebt habe, schüttelten über Wörter wie »ablästern« höchstens ungläubig den Kopf.

Neulich habe ich sogar gesagt, Autoren wie ich sterben nun einfach aus, und sehr bald gibt es sie nicht mehr. Autoren wie ich, die noch ganz für sich allein geschrieben haben wie Autisten und zu denen dann das Publikum kam wie die Fee, die sie mit dem Zauberstab berührte, und plötzlich war man öffentlich.

Das ist natürlich völliger Unsinn, aber es läßt sich prima in solchen Sätzen reden, es macht richtig Spaß!

Weiter: Früher hat man sich noch um ein Werk gekümmert! Menschen wie wir schrieben nicht einfach nur Bücher, damit man sie liest und verkauft, nein, wir hatten immer ganz anderes im Sinn. Wir schrieben diese Bücher in erster Linie für uns selbst, wir dachten an den Kleistschen Satz, durch eine schöne Anstrengung, eben das Schreiben, mit uns selbst vertraut zu werden. Früher hießen die Verleger Peter Suhrkamp oder Gottfried Bermann Fischer oder Siegfried Unseld, und früher sagten die Verleger namens Peter Suhrkamp, Gottfried Bermann Fischer oder Siegfried Unseld noch, daß sie keine Bücher verlegten, sondern Autoren und damit also Werke. Wie wollten wir denn früher auch vor dem lieben Gott oder der Ewigkeit dastehen außer eben mit unseren Werken?

Nein, wir wollten nicht die Welt verändern. Wir wollten keine Klassiker werden. Aber wir hatten gar keine anderen Muster. Wir hatten gar keine andere Wahl. Uns hatten noch ganze Autoren ganze Werke vorgelebt, von Platon über Vergil bis hin zu Dante, Grimmelshausen, Hölderlin oder Wilhelm Busch. Heldisch hatte Thomas Mann die Rolle angenommen, die seit Goethe vakant war, nämlich die des Präzeptors unserer Nation in literarischen, philosophischen, ethischen, kulturellen und allen anderen Dingen.

Wir gingen auch nicht in Schreibschulen. I wo! Hildesheim, Leipzig, diese Städte waren damals noch gar nicht entdeckt! Wir wohnten in Lehmhütten, in einer Heidegger-mäßigen Eigentlichkeit, und wenn wir schrieben, war das wie eine Andacht vor dem kleinen, einfachen Altar in der Ecke unserer Lehmhütte.

Heute wohnen sie in Hochhäusern, metropolisartig, überall Verkehr, metaphorisch gesprochen.

Früher war auch alles langsamer. Ich bin heute immer noch langsam. Neulich bin ich von Schreyahn nach Lüchow gefahren, sieben Kilometer mit dem Auto, meine erste Autofahrt seit unzähligen Jahren, ich habe den Sitz nach vorn gemacht, so weit es ging, und hing mit dem Gesicht direkt hinter der Windschutzscheibe. Ich fuhr ganz langsam ...

Der liebe Gott hat mich nun 48 gemacht. Früher rauchte ich. Was war das Leben wild! Mein erstes Mädchen war fünfzehn. (Ich meine Sex.) Heute gibt es zum ersten Mal Negativzinsen in meinem Leben. Das haben wir der EZB zu verdanken, die es früher auch nicht gab. Heute mittag habe ich versucht, von einem iPhone aus, das einem Freund gehört, irgendwen anzurufen. Ich kann darauf nicht einmal wählen. Kaum komme ich mit dem Finger falsch auf den Bildschirm, passiert etwas, und ich weiß nicht, wie zurück. Mir fehlt es inzwischen an den gängigsten Kulturtechniken.

Neulich, als ich nach Lüchow fuhr, parkte ich schneckenartig langsam das Auto, es war geliehen, vor einem Supermarkt, Edeka, dann ging ich hinein, kam mit einem vollbepackten Einkaufswagen heraus, schob über den Parkplatz zum Auto, öffnete den Kofferraum und dachte, noch weißt du immerhin um diese Kulturtechnik. Alle anderen um dich herum führen sie jeden Tag aus, diese Kulturtechnik des Auto-Supermarkt-Einkaufswagen-Einkaufs. Schon dieses Wort: »Super«-Markt!

Früher sind wir nie in Supermärkte gegangen! Früher war auch nichts »super«. Früher haben wir auch nicht für Magazine wie dieses hier geschrieben. Früher war jedes Wort ein Heiligtum.

Als ich zu schreiben anfing, schrieb ich zunächst nur von denen, die zu schreiben anfingen, aber bald wieder aufgaben. Die, die aufgaben, waren immer die Guten. Die, die weiterschrieben, waren die Schlechten. Die eigentlich Unphilosophischen. Die, die einfach nicht genug litten. Ich gab bei diesen Texten immer sehr schnell auf und hatte zunächst auch gar kein anderes Thema. Ja, damals war ich noch Idealist. Später war ich dann nur noch Schriftsteller. Das Schweigen war das Heiligste, das Scheitern. Das Zweitgrößte immerhin war: das Werk. Früher schwiegen die ganz Großen, und wenn nicht, verfaßten sie wenigstens ein Werk, ein richtiges, eine Lebenssumme, ein System, eine Welt, wie Proust, wie Thomas Mann, wie Gottfried Benn. Heute bin ich alt und schaue auf mein Werk zurück. Das sieht dann so aus:

Ich gehe zu Zweitausendeins und sehe mein Werk teilverramscht. Da liegt es, je zwei Bücher im Doppelpack für 5 Euro 80. Früher hätte man dafür zusammen 37 Euro gezahlt. Einmal kam ich zu Arnold Stadler, dessen Buch *Sehnsucht* sie damals verramscht hatten. Ich kam zu ihm nach Hause, nach Sallahn ins hannoversche Wendland, und sah die verramschte *Sehnsucht*. Was hatte Arnold Stadler getan? Er hatte die gesamte verramschte *Sehnsucht* aufgekauft, damit es keiner sehe, wie sie verramscht war, und da lag sie nun herum im ersten Stock, seine verramschte *Sehnsucht.* Es brauchte ein ganzes Zimmer für die verramschte *Sehnsucht.*

»Früher war es Sehnsucht, heute ist es Heimweh.« (Arnold Stadler, *Sehnsucht*).

Ja, neulich ist mir bewußt geworden, daß ich alt geworden bin. Ich habe jetzt weniger vor mir und den Hauptteil eher hinter mir. Ich sehe mir selbst beim Aussterben zu. Oder, wie Nick Cave mal sagte: Es mache in gewisser Weise sogar Spaß, durch Ruinen zu laufen. Mit den Ruinen meinte er sich selbst.

Als ich in das Auto stieg, um zu dem Edeka-Markt zu fahren (ich habe solche Märkte seit mindestens zwanzig Jahren nicht aufgesucht), dachte ich, das verjüngt mich bestimmt, wie eine Frischzellenkur. Ich dachte: Mal wieder wie früher so mit dem Auto über die Landstraße und dann in den Edeka hinein, schwungvoll den Einkaufswagen durch die Tür geschoben und einfach mal so wie die anderen sein.

Der Ausgang war ernüchternd. Ich war, zu Hause angekommen, völlig erschöpft und mußte mich erst einmal hinlegen. Seitdem steht das geliehene Auto vor der Tür wie eine Drohung. Es ruft: »Komm! Lebe! Fahr mich! Die Welt wartet!«

Man würde in meinem Alter auch nicht einfach noch mal so Sex mit Fünfzehnjährigen haben. Es wäre auch nicht anzuraten. Nicht nur, weil es verboten ist (aus guten Gründen). Sondern, weil es einem anschließend noch zehnmal schlimmer gehen dürfte als mir nach jenem Edeka-Einkauf. Man lernt: Früher war das Leben ein Hochleistungssport. Nur daß man es nicht gemerkt hat. Früher konnte man alles, ich kann mich an Zeiten erinnern, da gab es manchmal zwei, drei Mädchen und Supermärkte am gleichen Tag. Ich konnte das! Bzw. die konnten das. Wir alle konnten das!

Seit Monaten sage ich zu meiner Frau, das Leben ist ein Hauch. Gestern schenkte ihr Arnold Stadler ein Arnold-Stadler-Buch, ich schlug es auf, *Tohuwabohu*, und las: Das Leben ist ein Hauch. (Kohelet)

Früher konnte ich noch sagen: In der Mitte des Lebens. Das geht nun auch nicht mehr. »Früher wollte ich alt sein, jetzt habe ich nur noch ein Werk.« (Arnold Stadler, übersetzt). Ein Werk, teilverramscht bei Zweitausendeins. Einstmals waren wir.

Heute sind wir nur noch.

(Tatsächlich lag in Sallahn die Restauflage von *Ein hinreißender Schrotthändler* und nicht von *Sehnsucht*. Arnold Stadler wies mich neulich auf diese Verwechslung hin.)

Neulich dachte ich über Besenkammern nach

Neulich las ich in einem Roman eine Stelle, in der ein Kind in eine Besenkammer gesperrt wird. Ich begann über Besenkammern nachzudenken.

Ich werde öfter gefragt, wie Erinnerung funktioniert. Das Eigentümliche an Erinnerung ist, daß man sie nicht nachprüfen kann, ohne sie zu verändern. Denn dann ginge sie von einer Erinnerung mit all ihren Möglichkeiten in Wissen über. Dem Wissen fehlt im Gegensatz zur Erinnerung aber der Möglichkeitsraum. Eine Erinnerung dagegen ist beweglich und hat eine Geschichte.

In meinem Elternhaus gab es keine Besenkammer, das heißt, ich kann nicht in eine solche eingesperrt gewesen sein. Die kleinsten Räume in unserem Haus waren die beiden Gästetoiletten, aber meines Wissens wurde ich auch dort nicht eingesperrt.

Jedoch habe ich ein gewisses, wie soll ich sagen, Erinnerungsgefühl. Ich sehe etwas Weißes vor mir, wohl eine weiße Tür, und eine Treppe. Vielleicht eine Kammer unterhalb einer Treppe. Zugleich ist es luftig. Irgendwo ist Grün. Ich stecke in der Kammer und kann nicht heraus.

Im Haus in der Uhlandstraße, in dem mein Onkel mit seiner Mutter lebte, gibt es eine solche Kammer. Man kann darin stehen, sich aber nicht umdrehen, und wenn man aus ihr etwas herausholen will, betritt man sie nicht, sondern macht an der Türschwelle halt und greift hinein. Beleuchtet wird sie von einer niedrig hängenden Glühbirne in bloßer Fassung.

Hier muß ich allerdings sagen, daß ich zum einen diese Kammer Jahre meines Lebens selbst als Besenkammer benutzt habe, auch noch, als ich die *Ortsumgehung* begann, und mir nie die Erinnerung an ein dortiges Eingesperrtsein zur Kindheitszeit kam. Es ist da auch nichts luftig, die Kammer hat kein Fenster. Ich habe zeitweise in meinem Leben viel geputzt. Immer wenn alles in meinem Leben in Unordnung war, habe ich angefangen, das Haus zu putzen, von oben bis unten, was etwa zwei komplette Tage beansprucht hat. Ich hatte einmal Russinnen zu Gast (solche, denen man den Sekt einschenken muß, weil sie sich niemals selbst einschenken würden, und die sich beschweren, wenn die Würstchen nicht gepellt sind), und sie konnten nicht glauben, daß der perfekte Zustand des Hauses allein in mir seinen Urheber hatte.

Zum anderen war meine Großmutter eine solche Seele von Mensch, daß ich ihr in keiner Weise zutraue, mich jemals in eine Kammer oder überhaupt irgendwohin gesperrt zu haben. Sie gab mir lieber Weinbrandbohnen und Eierlikör. Überhaupt war es in ihrem Haus ganz ruhig und still, und das heißt, daß auch ich ruhig und still gewesen sein muß.

Aber was ist dieses Weiße, wo ist die Tür, welche Treppe habe ich vor Augen?

Bei meiner anderen Großmutter, der Frau des Oberfinanzpräsidenten, habe ich mich als kleines Kind immer äußerst unwohl gefühlt. Wenn meine Eltern damals verreisten, wurde ich entweder in ein Kinderhotel gesteckt, was für mich eine so große Hölle war, daß ich jedesmal fast das Bewußtsein verlor und in den betreffenden Tagen nur vor mich hin dämmerte. Oder sie gaben mich zu der Oberfinanzpräsidentengattin nach Frankfurt in die Grillparzerstraße. Dort mußte ich mich mittags hinlegen. Dort mußte ich immerfort etwas.

Dort traf sich auch immer die ganze Großfamilie. Es mußten dann alle Kinder in den Garten und spielen. Ich konnte nicht fliehen, mein eigenes Zimmer war weltenweit entfernt, nämlich 35 Kilometer, in Friedberg, ich hatte keinen eigenen Platz, keinen Rückzug, ich war aufgelöst im Kollektiv. Ich weiß nicht, wie oft sich die Großfamilie traf, alle waren stolz auf diese Großfamilie, ich verstehe das bis heute nicht, sehe ich Fotos von damals, wird mir immer noch flau.

Draußen ist es grün, und dann geht es ins Haus hinein, und weiter hinten ist diese Treppe. Aber ich glaube, der Raum dort befand sich nicht unter der Treppe, sondern daneben. Er war nicht dunkel, im Gegenteil, er hatte ein Fenster zum Garten.

Diese Erinnerung ist nicht nachprüfbar. Erstens ist das Haus längst verkauft, es wohnen völlig fremde Menschen darin. Zum anderen würde keiner der noch lebenden Beteiligten jemals zugeben, daß ich dort eingesperrt worden sei. Aber ich lese eine Stelle über Besenkammern, komme ins Nachdenken, schreibe diese Kolumne, und nun habe ich also eine mögliche Sommergrünbesenkammererinnerung an das Haus meiner Großmutter in der Grillparzerstraße in Frankfurt am Main, eine Erinnerung, von der ich vor einer Stunde noch nichts wußte.

Offenbar funktioniert Erinnern in etwa so.

Neulich dachte ich über das Unwort nach

Neulich dachte ich über mein Unwort des Jahres nach. Nein, nicht nur des Jahres. Es ist das Unwort meines Lebens.

Ich bin in etwas hineingewachsen, von dem ich damals nicht geglaubt hätte, es könnte sich vielleicht nur um eine Fiktion handeln. Das waren die siebziger Jahre. In den siebziger Jahren bin ich überhaupt nie auf den Gedanken gekommen, ich würde in so etwas wie einer gemeinsamen Gesellschaft leben, mit der ich mich auch nur über den Minimalkonsens hinaus identifizieren müßte. Ich bin vielmehr – obgleich ich aus einem CDU-Haushalt stamme – mit der absoluten, geradezu apodiktischen Gewißheit aufgewachsen, daß ich stets von einer Ansammlung *einzelner* Menschen umgeben war, aus denen sich nichts Ganzes zusammensetzt und auch nicht zusammensetzen muß oder soll. Und ich bin mit der Gewißheit aufgewachsen, daß das für die anderen ebenso gewiß sei. Diese waren teils vernünftiger, teils weniger, und natürlich gab es auch einen Haufen Idioten und solche, mit denen ich nichts zu tun haben wollte (z.B. CDU-Anhänger).

Wenn ich etwa zur Fastnacht in Friedberg auf den Zug ging, konnte ich dort Menschen besichtigen, die ich sonst das Jahr über nicht sah, und zwar vermutlich einfach deshalb, weil sie sich das restliche Jahr über nicht hinaustrauten. (Bzw. sie konnten mich besichtigen, den sie sonst auch nicht sahen das Jahr über, oder höchstens von ihrem Fenster aus.)

Man muß sich die – heute würde man sagen – totale Unfreiheit, Verkrampftheit dieser Zeit noch einmal deutlich vor Augen führen. Friedberg im Jahr, sagen wir, 1974/75/76. Absolut niemand saß im Sommer irgendwo draußen im Öffentlichen, abgesehen von den Besuchern der Gartenwirtschaften und Parkanlagen. Keiner stellte seinen Stuhl auf die Straße. Die Männer gingen entweder in abgewetzten Anzügen mit Hut auf die Gasse oder im Unterhemd. In meiner frühen Zeit gab es nur diese beiden Kategorien von Auf-die-Gasse-Gehen: entweder mit jenem kleinen Hut oder im Rippunterhemd. In letzterem machte man auch die Gartenarbeit. Fast alle forderten die sofortige Erschießung der Baader-Meinhof-Bande, die damals noch Bande genannt wurde, ein Wort aus unvordenklichen Zeiten. Erst mehr als ein Jahrzehnt später sollten sich dann die ersten Friedberger auf die Gasse setzen, hierbei waren die Friedberger Türken die absoluten Pioniere. Aber in den siebziger Jahren wagte man sich noch nicht hinaus, und deshalb sah man einen Großteil der Friedberger nie, und wenn, dann eben nur am Fastnachtsdienstag. Das war dann für mich meist der Tag des großen Erschreckens. Dennoch hielt ich all die unangenehmen Leute, von denen ich mir weder das Innere ihrer winzigen Wohnungen noch überhaupt sonst irgendein Detail ihres Lebens vorstellen mochte, unzweifelhaft für getrennte, untereinander abgesonderte Existenzen, ebenso singulär wie etwa mein Vater, unser Pfarrer, ein beliebiger Gastwirt oder jedwede andere Gestalt, die mir im Leben begegnete. Ich konnte sie zwar, diese von mir diskriminierten Fastnachtsfriedberger, die am Dienstag hervorkamen, durch allgemeine Begriffe auf einen gemeinsamen geistigen Haufen werfen, so wie ich das hier auch gerade tue, aber dennoch war das nur eine Weise der Wortverwendung, sie wurden dadurch nicht zu einem Gesamtwesen, sondern blieben unverbrüchlich in ihre Individualexistenz eingekerkert, so daß ich nie sagte: »die da«, höchstens: »so einer«. Es war mir ganz unmöglich, selbst die unangenehmsten Existenzen zu vergruppen, die meisten von ihnen kannten sich ja nicht einmal untereinander. Auch Politiker benutzten meiner Erinnerung nach nie dieses Lebensunwort, zumindest nicht im heutigen Sinn. Wenn der damalige Kanzler Helmut Schmidt davon redete, »wir« müßten uns »schützen« (ich weiß gar nicht, ob er wirklich so redete, ich glaube, er sprach eher immer staatstragend von »Deutschland«), dann meinte er sozusagen jeden einzelnen als Einzelwesen. Unter Deutschland verstand er eine Organisationsform, wenn ich mich recht erinnere. Diese galt es »zu schützen« (etwa vor der »Baader-Meinhof-Bande«). Die Organisationsform war für die Einzelwesen da, man konnte mit ihr mehr oder minder zurechtkommen, sie mehr oder minder gutheißen, aber hauptsächlich stand man zu ihr wie zu einer anderen Entität, die mit der eigenen erst einmal nichts zu tun hatte. Es war sowieso die Zeit der Mengenlehre. Man war in diesem Deutschland enthalten mittels Staatsbürgerschaft, aber man war nicht dieses Deutschland, und es wurde auch nicht durch einen gebildet, sondern durch die staatlichen Organe und die Verfassung. Schmidtsches Lehrbeispiel: Nimm einen Deutschen aus Deutschland heraus (Schleyer), und im technokratischen Sinne Schmidts blieb dann Deutschland immer noch ein und dasselbe. Und ob der eine rechts oder links oder ein Verrückter oder Bundespräsident war, veränderte an diesem statischen, unmetaphysischen Prinzip nichts.

Also, kurz gesagt, man las Zeitung, partizipierte am politischen Diskurs, wurde manchmal von diesen staatlichen Organen verfolgt, man bekam Berufsverbot, wenn man in der falschen Partei war, man demonstrierte für dies und das, meistens gegen staatliches Unrecht, man bekam Atomkraftwerke vor die Nase gesetzt, man fühlte sich übrigens meiner Erinnerung nach auch grundsätzlich machtlos diesem Staat gegenüber, aber man war nicht er, und er war nicht ich oder die anderen.

War das eine Fiktion? Und wann fing es an mit diesem Lebensunwort? Also, ab wann wurde es benutzt, ab wann war es abgesegnet, wieder in sein zweifelhaftes Recht gesetzt? Es muß natürlich etwas mit den Medien zu tun haben, mit der Verkollektivierung durch das Netz, aber auch schon mit dem Beginn des Globalisierungsgeredes, mit 89, mit der WM 90, anfangs war es vielleicht sogar noch witzweise geäußert, und die *Bild*-Zeitung machte 2005 daraus eine ihrer berühmtesten Schlagzeilen. Damals haben alle fein ironisch gelächelt. Heute benutzen das Wort alle, überall, von ganz links bis ganz rechts, heute gibt es für sie nichts mehr außerhalb dieses Lebensunwortes, die Bundeskanzlerin Merkel hat es zum Schlußstein ihres politischen Lebenswerkes gemacht, zu dem Wort, das für alle Zeiten an ihr haften bleiben wird, wie an Uli Hoeneß immer jener berühmte Schuß in den Himmel von Belgrad oder an Helmut Schmidt die Prinz-Heinrich-Mütze.

Ich hätte mir in den ersten fünfundzwanzig Jahren meines Lebens nie vorstellen können, was aus alldem hier geworden ist. Daß ich plötzlich, von ganz rechts bis ganz links und einmal quer durch die Mitte, wieder in einem Kollektiv drinsitzen muß, ganz tief und metaphysisch und dazu noch medial totalvernetzt und totalerfaßt. Und daß das, was zu meiden war wie das Weihwasser durch den Teufel, plötzlich aus allen Mündern schallt, auf jedem Bildschirm zu lesen ist, aus allen Nachrichten ertönt, und nun ist es wieder da wie damals, dieses Wort: »Wir.« Im guten alten metaphysischen Sinn endlich wieder da, so richtig schön ausweg- und alternativlos wie ehedem: »Wir.« Vielen Dank! Naiv, wie ich bin, hatte ich wirklich lange Zeit meines Lebens geglaubt, einem 1967 geborenen Menschen könnte das nicht mehr passieren.

Neulich beendete ich einen Roman

Neulich habe ich einen Roman beendet, er heißt *Der Kreis*. Da geht es unter anderem um einen Dichter, der in meiner Heimatstadt Friedberg in der Burg gelebt hat und Fritz Usinger hieß. Ich bezeichne jenen Dichter im Roman als Geist-Materie-Kosmos-Dichter, denn so kam er mir als Kind vor. Er kam mir so vor, weil er so sagenumwoben in Friedberg war. Ein alter Mann in einem Fachwerkhäuschen hoch droben in der Burg, wo alle Häuser mindestens ein paar hundert Jahre alt sind.

Ich war in meinem Leben oft erstaunt über die Tatsache (und manchmal ergriffen von ihr), daß ebendieses Leben immer wieder versucht hat, für sich einzuholen, was ich vorher in irgendeinem Roman geschrieben habe. Einmal, vor zwanzig Jahren, siedelte ich in einem Roman (der unveröffentlicht ist) einen alten Herrn in der Bad Nauheimer Burgallee an, in einer dieser prächtigen, schönen Jugendstilvillen, und zwei Jahre später wohnte ich selbst da. Oder ich schreibe über Karl Gutzkow, den Schriftsteller, dem es nicht gelang, sich in Friedberg auf der Kaiserstraße im Hotel Trapp umzubringen (es gelang ihm wenig, er starb später in Frankfurt-Sachsenhausen einfach im Schlaf), und kurz darauf ziehe ich zufällig in die Gutzkowstraße nach Frankfurt-Sachsenhausen. Überhaupt meine Wohnorte im letzten Vierteljahrhundert: Herrmann-Hesse-Straße, Uhlandstraße, Gutzkowstraße, Tucholskystraße. Meine Großeltern wohnten in der Grillparzerstraße.

Manche Einholung ist eher düsterer Natur. In einem meiner Romane wurde ein Demonstrant bei einem Castortransport überfahren. Als ich den zweiten Satzlauf in der Hand hielt, wurde tatsächlich ein Demonstrant von einem Castortransport überfahren. Am selben Abend hatte ich eine Lesung in Hannover – die Hälfte der Zuschauer waren Castordemonstranten. Es war gerade Castortransport.

Die neueste Einholung hat etwas mit Usinger und überhaupt der Stadt Friedberg und ihrer Burg zu tun. In Friedberg habe ich ja so manches erlebt. Dort bin ich zur Schule gegangen, nämlich in der Burg, und als Fritz Usinger noch lebte, saß ich manchmal auf dem Bänkchen vor seinem Haus, kam gerade vom Gitarrenunterricht, hatte mein Instrument dabei und spielte ein bißchen Bach vor mich hin. Usinger starb dann auch bald.

Friedberg hat einen etwas eigentümlichen Umgang mit seinen Berühmtheiten, aber Friedberg ist sowieso eine eigentümliche Stadt. Gedenktafeln schaffen es nur selten an die Hauswand, sie bleiben meistens als Aufsteller am Straßenrand stehen. Der Fritz-Usinger-Platz spricht da Bände. Oder der Elvis-Presley-Platz. Wolf Schmidt, der berühmteste gebürtige Friedberger der jüngsten Zeit (er erfand die *Familie Hesselbach* und spielte den Vater Karl), hat meines Wissens gar keinen Platz, nicht einmal eine Straße, nur ein Geburtshaus, aber das immerhin mit kleiner Tafel, die allerdings, wenn ich nicht irre, nicht von der Stadt gestiftet wurde, sondern von privat.

Neulich also hat meine Frau eine Immobilienanzeige entdeckt, die sich auf ein kleines, fünfhundert Jahre altes Fachwerkhaus bezieht, das in unmittelbarer Nachbarschaft zum Usingerhaus in der Friedberger Burg liegt, ebenfalls gleich hinter dem Bänkchen, wo ich als Schüler oft gesessen habe. Gegenüber, in der evangelischen Kirche, habe ich manchmal Christian Herrmann, den Buchhändler der Bindernagelschen Buchhandlung, lesen hören, links davon, im Bünauschen Hof, hatte ich Physik und trank dort während des Unterrichts Apfelwein zur Tarnung immer aus Kakaobechern. Da die Unterrichtsstunden ebenerdig stattfanden, konnte man, wenn man am Fenster saß, den Unterricht jederzeit durch dieses verlassen. Das taten wir öfter (wir galten als ziemlich anarchisch). Rechts von der Kirche lag der abgehalfterte Feldwebelbau, ein ehemaliges Kasernenbauwerk, in dem mal der Zar übernachtet hatte, schon zu meiner Zeit eine Ruine, dennoch von meinem Gymnasium genutzt. Die Burg war sowieso insgesamt völlig heruntergekommen. Sie war immer das Stiefkind der Stadt. So wie die Stadt das Stiefkind der gesamten Umgebung war.

Plötzlich war der Gedanke da: Du nimmst Usingers Stelle ein! Du gehst jetzt als Wiedergänger Usingers an den gleichen Ort und verbringst dort deine restlichen Jahre als Kosmos-Materie-Wetterau-Dichter. Der Dichter der *Ortsumgehung* in seinem Domizil, und dann werde ich selbst zur sagenumwobenen Gestalt, und wenn ich achtzig bin und mein Bart bis zu den Hüften reicht, sitzen die neuen Schüler auf dem Bänkchen vor meinem Haus und spielen – Bach.

In der Burg hat sich nie etwas verändert. Bis heute hoffe ich stets, wenigstens die stiefkindhaftesten Stellen meiner Welt könnten so bleiben, wie sie immer waren. Aber ein einziger Telefonanruf der Buchhändlertochter hat mal wieder gereicht, um mich eines Besseren zu belehren. Direkt vor dem Häuschen werden jetzt mitten in der alten Burg Reihenhäuser errichtet, der Bünausche Hof wird in Wohnungen umgewandelt, der ruinöse Feldwebelbau zum Studentenheim verbaut, und die Wiese dahinter (ja, es gibt in der Friedberger Burg noch eine freie Wiese!) verschwindet ebenfalls. Übrigens habe das angeblich keiner gewollt, nicht einmal der sowieso stets etwas ungewöhnlich (mir fällt kein anderes Wort ein) agierende Friedberger Bürgermeister. Da habe man nicht richtig aufgepaßt. Aha, es ist also einfach so passiert! (Mir kam der Preis in der Immobilienanzeige gleich verdächtig billig vor.)

Gottseidank habe ich das erst jetzt und nicht schon vor zwei Wochen erfahren, als der Roman noch nicht fertig war. So werde ich später immerhin sagen können, daß er zu einer Zeit geschrieben wurde, als die Friedberger Burg noch gewesen war, was sie einstmals gewesen war.

Neulich dachte ich an die Zeit, als alles in Ordnung war

Neulich dachte ich an meine frühen Romane zurück. Damals schien die Welt zum erstenmal völlig in Ordnung zu sein, zumindest, was die Zukunft und die Umwelt betraf. Alle (ich rede vom Anfang des Jahrtausends) waren rundherum optimistisch, daß die Welt oder zumindest Deutschland auf dem Weg hin zu einer totalen Besserung sei. Man schwärmte von quasi abgasfreien Automobilen, und sie wurden für einen winzigen historischen Moment sogar kleiner in unserem Land (natürlich nur, um anschließend noch viel größer zu werden).

Ein Wochenmagazin wie *Die Zeit* war damals so grüngewaschen (obwohl es den Ausdruck noch gar nicht gab), daß es eine individualverkehrsinkludierende Utopie ausrufen konnte. Alles würde miteinander vereinbar sein, Wiesen, Straßen, Blechkisten, gute Nahrung, gesunde Luft, glückliche Kühe, glückliche Atomkraftwerke, für einen Moment sah die Welt aus wie wenige Jahre später die Autowerbung (luftige Landschaften, frohe Familie, blauer Himmel).

Wer an dieses Bild nicht glaubte, wurde regelmäßig

öffentlich zerrissen als Finsterling, Misanthrop, Fortschrittsverweigerer oder gar, ganz übel, Zivilisationskritiker! Blätter wie die *Frankfurter Allgemeine Zeitung* hatten einen guten hauseigenen Grund dafür, denn sie besaßen die Ressorts Wirtschaft und Finanzen. Die wußten immer, daß man den »Zivilisationskritikern« das Feld nicht überlassen darf, wenn man in Form von Geld denkt (die Donaldisten als Dagobertisten). Solche wie *Die Zeit* wiederum entkräfteten Verweigerer- oder Ablehnungspositionen einfach kraft dieser oben skizzierten angenehm betäubenden Utopie bzw. Eschatologie. Damals stand kein »Wir schaffen das« im Raum, damals war die allgemein beglaubigte Maxime »Eigentlich haben wir es schon geschafft«.

Wofür hat sich die breite deutsche Öffentlichkeit jemals wirklich interessiert, oder sagen wir, engagiert? Bei was geht es an ihr Eingemachtes?

Einschub: Die deutsche Öffentlichkeit kann sich natürlich mit hoher Energie für sehr viel interessieren und engagieren. Nehmen wir zum Beispiel ein ganz normales Helene-Fischer-Großkonzert. Das ist vom Preis her, von der Anstrengung, von den Entbehrungen, die man auf sich zu nehmen hat (man könnte auch einfach auf dem Sofa sitzen bleiben), sicher mit einem Dreivierteltag Castortransport zu vergleichen. Ganz ähnliche Anstrengungen unternimmt die deutsche Gesellschaft auch jedes Wochenende, wenn es um Fußball geht. Oder diese Massenvolksverschiebungen nach Mallorca oder in die Türkei mehrfach im Jahr! Oder Oktoberfest! Also, wir

Deutschen können durchaus Leistung zeigen, wenn wir wollen.

Wofür also hat sich die deutsche Öffentlichkeit – oder besser gesagt der normale Mann auf der Straße (the white man) – zum letzten Mal interessiert, und bei welcher Gelegenheit hat sich diese Öffentlichkeit wirklich umfassend und kollektiv engagiert? Nein, ich meine jetzt nicht gegen Flüchtlinge, ich meine vorher.

Das war, als SPD und Grüne an die Regierung kamen und die Grünen überlegten, den Spritpreis auf fünf Mark zu erhöhen. Da war was los im Land! Da haben selbst die Lasterfahrer demonstriert. Es war die größte Mobilisierungskampagne meines Lebens. Es dauerte auch nur wenige Tage, seitdem galten die Grünen als geisteskrank und haben ziemlich lang gebraucht, sich davon in den Umfragen zu erholen. Einen solchen Fehler werden sie nicht mehr begehen. Und genau ab da wurden die Autos ja auch größer als je zuvor. So antwortete der Deutsche darauf, daß man ihm ans Autofahren gehen wollte. Wenn ich heute in Frankfurt bin und am Sachsenhäuser Berg zwischen den Kleingärten herumlaufe, passen auf den gemütlichen Sträßlein keine zwei Autos mehr aneinander vorbei. Zwei, und es ist schon Stau. Ich genieße das jedesmal.

Vor ein paar Tagen sagte meine Frau, die Autos röchen plötzlich anders. Mir ist das auch schon aufgefallen. Seit der Regierungs-Umprogrammierungs-Aktion für die Autos ist dieser seltsame Geruch da. Die Autos hatten schon mal angefangen, anders zu riechen, das ist etwa zwanzig Jahre her. Plötzlich rochen sie ähnlich wie Chlor oder dergleichen.

Was waren das für Zeiten, als noch alles grün und gesund war, vor zehn, fünfzehn Jahren! Heute steht in allen Zeitungen, daß wir die innerstädtische Bevölkerung strategisch umbringen. Daß jeder, der hier mit seinem Auto herumfährt – beenden wir den Satz höflicherweise nicht. Zahlen standen letzte Woche selbst in der *FAZ*. Es ist wie bei einer kollektiven Massenhinrichtung quer durch Europa, Jahr für Jahr. Neulich fragte sogar jene *FAZ*, warum da die Politik nichts tue. (Ich überlege schon seit dreißig Jahren, mich mit einem Verbrennungsmotorblock auf die Gasse zu stellen und seine Abgase einfach den nächsten Passantinnen und Passanten ins Gesicht zu blasen. Was dazu wohl die Polizei sagen würde?)

Es ist immer wieder beachtenswert, wie die Menschen innerhalb von zehn Jahren völlig vergessen können, was sie vorher gesagt und getan haben. Sie könnten sich wenigstens mal entschuldigen. Finsterling! Misanthrop! Fortschrittsverweigerer! Zivilisationskritiker!

Neulich waren wir beim Karl

Neulich ist Karl Harth gestorben. Er war bis 2004 Gastwirt der Wirtschaft »Altdeutsche Bierstube Die Dunkel« in Friedberg.

Zum ersten Mal suchte ich die Dunkel mit siebzehn oder achtzehn Jahren auf. Vorher hatten wir stets in linksalternativen Cafés verkehrt, waren zum »Frühstücken« immer mal wieder nach Frankfurt ins Stattcafé gefahren und hatten bei Feiern gern Haschkekse und ähnliches zu uns genommen. Wir waren immer unter uns geblieben (ich bin ohnehin nur halber Wetterauer) und hatten mit dem originären Friedberger Kneipenpublikum nichts zu tun. Als ich zum ersten Mal in die Dunkel kam, war das eine fremde Welt, die ich zunächst nur ironisch betrachtete. Ich hatte damals zwar keine Ahnung, wie meine Zukunft aussehen würde, aber eine gewisse Richtung schien vorgegeben. Würde ich klassischer Musiker werden? Intellektueller? Wissenschaftler? Ich sprach damals im Vergleich zu den meist dialektal geprägten Leuten in meiner Heimatstadt eine Art Hochdeutsch (ein Papierdeutsch mit leicht hessischer Färbung), in meinem Kopf kamen keinerlei Begriffe für Baustoffe oder Handwerksgerätschaften vor (Baumärkte sind bei uns nach wie vor ganz wichtig), ich hätte höchstens etwas über Hölderlin erzählen können, oder über Gustav Mahler und dergleichen, oder über meine gegenwärtigen Liebschaften. Ich ging zu den Lesungen Christian Herrmanns, des Vaters der Buchhändlertochter, übte am Tag stundenlang auf meinen Instrumenten, und wenn ich ins Kino ging, mußte das wenigstens Peter Greenaway oder so etwas sein. Und man las natürlich Feuilleton.

In Wahrheit wußte ich gar nicht, wie in Friedberg gesprochen wurde. Ich war immer nur unter Gymnasiasten gewesen oder dem in Friedberg damals so genannten *Pack* im Jugendzentrum, wo unter anderem Hasch-Hugo verkehrte und seine ausgefeilten Philosopheme von sich gab. Mit Hugo Husemann, wie er bürgerlich hieß, steckten wir alle zusammen, vormals auch mein Bruder. Der leicht heruntergekommene Hugo war ein feiner Kerl, aber er sprach ebenfalls ganz anders als die Friedberger. Bei meinem ersten Dunkelbesuch saß ich in einer kleinen Gruppe am zweiten Tisch, wir tranken Bier, fühlten uns ironisch, betrachteten (eingehüllt in unsere Gallertpanzer) die fremden Original-Friedberger und hatten ähnlich viel Spaß wie während des Besuchs des Friedberger Bierzelts beim Herbstmarkt. Da gingen wir auch immer als die »anderen« hin, die sich »das« mal anschauen. An der Kellertür der Dunkel hing eine Ankündigung für das nächste »Schlachtfest«. Wir überlegten, ob wir es uns mal richtig geben und zu einem Schlachtfest gehen sollten. Hatten wir noch nie getan. Blutsuppe, Wellfleisch, das waren für uns sagenumwobene Wörter.

Mit Jan P. reservierte ich zwei Plätze für das Schlachtfest. Eine Woche später saßen wir am damals noch existierenden kleinen Tisch neben der Kellertür, der Wirt trug ein rotweiß kariertes Hemd, eine blaue Schürze und freute sich irgendwie, daß wir da waren. Das war Karl Harth, und das ist mein erstes bewußtes Bild von ihm, dreißig Jahre ist das jetzt fast her. Karl, gelernter Fleischer, war mächtig, hatte eine alles regierende Ansprache, aber er war kein Großkotz, im Gegenteil. Er war ein ziemlicher Alleskönner. Einmal zog er einem Gast einen Zahn, mit Hilfe einer Schnur und seiner Küchentür, nachts um eins. Nur verstand ich ihn kaum. In der Folge ging ich öfter in die Dunkel. Jetzt kommen wir zum Kapitel Sprachübungen. Die kannst du nämlich auch mit neunzehn, zwanzig Jahren noch machen, selbst in deiner eigenen Heimat.

Ich sage, ich verstand Karl nicht gut. Andere verstand ich überhaupt nicht. Noch 1999, als ich zum ersten Mal selbst zu einem Baustofflager fuhr, um dort Zementsäcke zu holen, stand ich einem Lageristen gegenüber, der ganz offensichtlich irgendeinen Wetterauer Dialekt sprach, vielleicht sogar Friedbergerisch, und bei dem ich nicht einmal Wortgrenzen unterscheiden konnte. Einmal, etwa um dieselbe Zeit, war ich in den Vogelsberg gefahren, um die Wetterauer Malerin zu besuchen, die noch keine Malerin war, sondern Schülerin, und sich dort gerade in der Jugendherberge aufhielt. Wir saßen in einer alten Wirtschaft neben biertrinkenden Menschen, die Karten spielten und rauchten und von denen ich kein einziges Wort verstand. Ich weiß bis heute nicht, über was diese Leute geredet haben. Vielleicht über uns?

Karl sprach in kurzen Sätzen, und er artikulierte anders als ich. Wenn er Längeres formulieren wollte (wozu er meistens erst schwungvoll Luft holte), dann bestand das aus einer Aneinanderreihung von zwei, drei kurzen Sätzen, durchsetzt mit allerlei ortsüblichen Interjektionen. Er sprach undeutlicher als ich. Das war aber nicht der hauptsächliche Grund, warum ich ihn schwerer verstand als meine linksbekifften Freunde. Karl (ein Anagramm zu ›klar‹) formulierte seine Sätze einfach so, als setze er voraus, daß ich bereits wüßte, was er sagen wolle. Als sei der gesprochene Satz nur überflüssiges oder zu vernachlässigendes Beiwerk. Als sei der Satz dazu da, den Hörer bloß in die richtige Richtung zu stupsen. Deshalb begriff er auch grundsätzlich nicht, wenn ich ihn nicht verstand. Für ihn lag es an mir, wenn ich ratlos blieb, er wußte ja, was er sagen wollte. Ich war ihm (auch wenn ihm das nicht bewußt war) also einfach zu begriffsstutzig. Mit der Zeit wurde mir klar, daß er von seiner Warte aus gesehen vollkommen recht hatte.

Ich beschreibe hier allerdings Irritationen, die jeweils nur den Bruchteil einer Sekunde dauerten und von ihm wohl niemals so dargestellt worden wären. Er hätte mit seinem gaumigen Wetterau-»r« einfach gesagt: Ei der Ondreas, der redt holt onnerster als mir.

Umgekehrt waren meine Sätze lang, nicht nur para-,

sondern oft auch hypotaktisch, meine Aussprache war klarer. Aber auch das war nicht der Grund, warum Karl seinerseits oft nicht sofort begriff, was ich im Sinn hatte. Er konnte ebenfalls nicht antizipieren, was ich im Sinn hatte, weil wir aus verschiedenen Sprachwelten heraus redeten.

Über meinen ersten Roman soll in den Feuilletons zu lesen gewesen sein, dieser habe realistisch Kneipengespräche oder überhaupt das Reden der Wetterauer untereinander wiedergegeben. Das hat mich gewundert, denn zum einen konnte ich nie wie meine Wetterauer Umgebung sprechen, und zum anderen kamen die Rezensenten nicht aus der Wetterau und konnten folglich nicht wissen, wie man bei uns spricht. Ich begriff aber dadurch, wieso ich den Umweg über den Konjunktiv gemacht hatte. In diesem Roman befanden sich nämlich alle Gespräche im Konjunktiv (das ganze Buch stand im Konjunktiv, so wie ich überhaupt als Konjunktiv in meiner halben Wetterauer Herkunft herumstand). Im nachhinein weiß ich, daß ich diesbezüglich Karl und seinen mit mir praktizierten Sprachübungen einiges zu verdanken habe. Die Dunkel spielt in dem Buch eine gewisse Rolle.

Sprachlich trafen wir uns mit der Zeit in der Mitte, und weil Karl ein ausdauernder Gesprächspartner war (in späteren Jahren stand ich jeden Tag an seinem Buffet), habe ich viel über Rhythmus, Melodie und Inhalt der in Friedberg möglichen Sätze gelernt. Ich bin ein mimetischer Mensch und konnte immer ganz gut Dinge nachmachen bzw. improvisieren, das half mir. Und für

Karl wurde ich mit der Zeit auch weniger rätselhaft. Wir freundeten uns an.

Nachdem er die Dunkel zugemacht hatte, eröffnete er an anderer Stelle ein Lokal, in dem er nicht glücklich wurde, aber darüber habe ich bereits vor zehn Jahren in einer anderen Kolumne geschrieben. Es dauerte auch nicht lange mit der neuen Wirtschaft. Karl ging es gesundheitlich einige Monate nicht gut, und ich erinnere mich an unser erstes Wiedersehen im Jahr 2007, im Café Johannisberg in Bad Nauheim mit seiner Frau Elke und meiner heutigen Frau. Es war das erste Mal, daß wir uns außerhalb seiner eigenen Wirtschaft getroffen hatten (abgesehen von den Bierproben, die er früher zusammen mit der Dunkelkundschaft bei der Licher Brauerei gemacht hatte). Wir trafen uns ab da jedes Jahr ein- oder zweimal, ich wohnte inzwischen wieder in Frankfurt, und immer war ein Seelenverbund da, das darf man in einem Nachruf ja mal schreiben. Karl Harth war eine der großen Erscheinungen in meinem Leben. Und seine Familie auch.

Zuerst übermittelte mir die Buchhändlertochter das Gerücht. Als sie vor ein paar Wochen anrief, fragte sie: Sag mal, kann es sein, daß der Karl gestorben ist? Ich wußte von nichts. Einen Tag später stand es in der *Wetterauer Zeitung*, ich erfuhr es wiederum telefonisch kurz vor der Abfahrt nach Hamburg.

Am Tag vor Karls Beerdigung fühlte ich mich ziemlich normal. Ich wußte, ich würde am nächsten Tag relativ zeitig aufstehen müssen, und wollte deshalb am Vorabend früh zu Bett gehen. Dennoch trank ich am Abend hemmungslos und schüttete ab zwölf Uhr nachts noch eine Flasche Champagner drauf, als hätte ich etwas zu feiern, mit mir allein. (Im Grunde trank nicht ich, vielmehr trank in dieser Nacht ein anderer in mir.) Am nächsten Tag, als ich in Friedberg aus dem Zug trat, fiel ich fast um (der andere in mir hatte mich inzwischen wieder verlassen). Jan P. holte mich am Bahnhof ab. Wir gingen zum Friedhof und kamen fünf Minuten vor Beginn der Trauerfeier dort an. Es war kalt, aber sonnig, mit einigen Wolken. Die Türen der Trauerhalle waren geschlossen, wir dachten, es handle sich noch um die Vorgängerbeerdigung. Einige Dunkelgäste standen vor dem Gebäude. In Wahrheit war die Halle bereits so voll, daß sie deshalb die Türen geschlossen hatten. Dann begann die Pastorin, ihre Rede wurde nach draußen übertragen. Die Ansprache an die Trauergäste setzte mit den Worten ein, die ich vor zehn Jahren über Karl geschrieben hatte. Damit hätte ich nicht gerechnet. Ich hatte den Text völlig vergessen. Damals war er mitten ins Leben geschrieben.

Die Pastorin erzählte aus Karls Leben, das, wie alle Leben, nicht einfach, aber vielleicht, wie wenige, gelungen war, auch wenn es nicht für alle so ausgesehen haben muß. Im Zentrum stand immer die Dunkel, und danach gab es noch dreizehn Jahre. Ich lief unruhig vor der Halle auf und ab und konnte nicht stillstehen. Am Ende sagte die Pastorin *Amen*. Ich schaute in diesem Moment zum Dachreiterkreuz empor. Dort saß eine Krähe (wie bei Schubert). Sie saß dort schon eine ganze Weile gegen das seltsam dunkelhelle Licht des Himmels (es zog sich zu). Als die Pastorin *Amen* sagte, schwiegen alle im Saal. Während der Stille krähte die Krähe. Sie krähte ein einziges Mal, genau in der Stille nach dem *Amen*, dann öffnete sie ihre Schwingen und flog in Richtung Licht davon, in einem Bogen, der so schön war, wie es kein Menschenwerk jemals sein könnte. Erst dann wurde im Saal weitergesprochen. Ich sagte zu Jan: Da, Karls Seelenvogel, da fliegt er davon! Die Tochter des Buchhändlers war auch dabei und sah es mit einem gewissen Frösteln. So hat sich Karl am Ende um dieses Bild erweitert. Er ist jetzt er selbst und dazu auch eine Krähe.

Dann war die Trauergemeinde zum Kaffee eingeladen, Jan und ich tranken Bier, die Buchhändlertochter Tee, und später liefen Jan und ich zur Alten Schmiede, weil wir dort weiter Bier trinken wollten, gezapfte kleine nullzweier Licher-Ex-Biere wie früher beim Karl. Die Alte Schmiede liegt gegenüber der Friedberger Stadtkirche. Das Lokal hatte allerdings an diesem Abend geschlossen. Es war inzwischen dunkel, und – das habe ich noch nie in Friedberg gesehen – tausende Krähen umflogen die von Scheinwerfern angestrahlten Fialen, Wimperge und Giebel der großen alten gotischen Kirche. Sie setzten sich auf jede freie Stelle, erhoben sich, kreisten, setzten sich wieder in riesigem Schwarm, als seien sie von Zauberhand dort versammelt worden. Wir sagten uns, da oben sind sie, all die verstorbenen Dunkel- und Schillerlindengäste der letzten Jahrzehnte (die Schillerlinde, unsere andere Stammwirtschaft, schloß bereits im Jahr 2000). Es war eine Seelenversammlung im blauschwarzen Nachthimmel, und wir standen bleich unter einer Laterne wie Figuren in einem Heine-Gedicht, die gerade mit ihrem eigenen Bild konfrontiert werden.

Darauf gingen wir ins Licher Eck, das als einzige Bierwirtschaft noch geöffnet hatte, und tranken dort kleine null-zweier Licher-Ex. Der Wirt fragte: Was seht ihr denn so traurig aus? Ich sagte, wir kämen von einer Beerdigung. Der Wirt fragte: Ach, wart ihr auch beim Karl?

Ich sagte: Ja, wir waren beim Karl.

Neulich fuhr ich nach Wien

Neulich fuhr ich nach Wien, in die Stadt, in der diese Kolumnen seit nun 14 Jahren erscheinen. Ich komme selten nach Wien. In meinem Leben war ich vielleicht sechs- oder siebenmal in der Stadt.

Da ich ein paar Stunden Zeit hatte, lief ich ein bißchen umher, unter anderem um den Heldenplatz herum. Ich betrat den Burggarten, blickte auf die große Treppe und hatte plötzlich eine Erscheinung, denn ich sah ein Paar rote Stricksocken vor mir. Ich sah sie nicht real, nur in meiner Vorstellung. Und plötzlich war ich wieder einmal zurück in der Zeit, als ich siebzehn war. Mit siebzehn bin ich zum ersten Mal nach Wien gefahren.

Ich setzte mich nun, obgleich es kalt war, auf die Treppen hinter die Neue Burg, wo ich vor 33 Jahren schon einmal gesessen hatte, mit Blick zum Burggarten, damals war ein heißer Tag und blendendes Wetter gewesen. Ich saß nun also da und versuchte mich an die damalige Reise zu erinnern. Es mußte ja einen Grund geben, warum ich ein Dasitzen auf den Treppenstufen der Burg mit einem Paar roter Stricksocken verband.

Allerdings konnte ich mich nicht einmal daran erinnern, mit wem ich in Wien gewesen war, ich glaube, es war eine Reise zu dritt. Keine Ahnung, wo wir übernachtet hatten, vermutlich irgendwo draußen in Schlafsäcken.

Woran ich mich allerdings genau erinnern konnte, war der erste Abend. An jenem Abend waren wir irgendwo in einem riesigen Park gewesen und hatten uns auf eine Bank gesetzt, mit Weinflaschen, ich glaube, wir hatten auch einen Camembert gekauft. Irgendwann, wir waren schon angetrunken, standen drei Menschen vor uns, oder besser gesagt, sie kamen angewanzt. Penner! Obdachlose! Offenbar Österreicher. Natürlich wollten sie Geld von uns. Wenn wir aber etwas nicht hatten, dann Geld. Also stellten wir uns auf eine konfliktreiche Begegnung ein.

Was sage ich, angewanzt! Einer saß plötzlich mitten unter uns auf der Bank und hielt die Hand auf. Als wir sagten, wir hätten kein Geld, glaubte er uns natürlich nicht. Er rief im dortigen Dialekt: Ihr habts doch Wein! Ihr habts doch einen Käse! Ich gab ihm ein paar Groschen, aber er blieb einfach sitzen, während die beiden anderen uns umstanden. Später kam aus einem Gebüsch noch ein vierter hinzu, ein kleiner, kompakter, gemütlich wirkender, vollkommen sonnengegerbter Mann im bloßen Hemd, der ein unvorstellbar rotes, glückliches Gesicht hatte, ebenso rot wie meines 33 Jahre später (aus mir wurde ja auch ein Trinker). Dieser Mensch trug keine Schuhe, sondern bloß ebenjene roten Stricksocken. Er setzte sich ebenfalls zu uns, wir kamen ins Gespräch.

Nach einer Weile begannen sie von unserem Wein zu trinken. Am Anfang mußten wir uns etwas überwinden, unsere Lippen anschließend wieder an die Flaschenhälse zu setzen, aber beim zweiten Mal war es schon weniger schlimm. Bald waren wir alle betrunken. Einer unserer Gäste, ein schlanker, großer Mann von undefinierbarem Alter, verstieg sich auf die Behauptung, er habe einen IQ von einhundertpaarundvierzig und sei seinerzeit einer der intelligentesten Menschen Österreichs gewesen. Ich hielt ihn natürlich für einen Aufschneider. Der Mann mit dem IQ von einhundertpaarundvierzig verstrickte mich allerdings alsbald in ein Gespräch über Edmund Husserl. Gottseidank wußte ich ein bißchen was über Husserl, aber er redete mich, den Siebzehnjährigen, an die Wand.

Er erzählte von der Doktorarbeit, die er, der Mann mit dem fantastischen Intelligenzquotienten, einstmals verfaßt hatte, worauf er aber kein Doktor wurde, sondern Penner und Obdachloser. Als unsere Weinflaschen ausgetrunken waren, hatte ich den Verdacht, sie würden uns nun wieder um Geld angehen, bis wir völlig blank seien. Das Gegenteil ereignete sich, sie zogen jetzt aus dem Gebüsch einen Sack mit eigenen Alkoholika, boten uns an, diese mit ihnen zu teilen, und das Besäufnis auf jener Parkbank ging weiter, bis auch die obdachlosen österreichischen Penner nichts mehr hatten. Ich kann mich an den weiteren Verlauf des Abends nicht erinnern und, wie gesagt, auch daran nicht, wo und wie und in welchem Zustand dann wer mit wem übernachtet hat.

Am nächsten Tag vor 33 Jahren herrschte Kaiserwetter, wir zogen durch Wien, rauchten, holten uns hier und da eine Wurstsemmel und ein Bier und waren bester Laune. Ich schaute mir die Musikinstrumentesammlung an, denn ich spielte ja selbst Instrumente. Irgendwann saßen wir dann auf der Treppe vor der Burg (genau da, wo ich jetzt wieder saß), blickten in den großen Garten, drehten uns Zigaretten, gackerten vor uns hin (wie man das in diesem Alter immer macht), fühlten uns frei wie die Vögelchen, und plötzlich sehe ich ein Paar rote Socken etwa dreißig Meter von mir entfernt im Garten. Sie laufen über das Gras auf uns zu. In den Socken befindet sich unser gemütlicher, sonnengegerbter, rotgesichtiger Freund vom gestrigen Abend, mit ausgebreiteten Armen kommt er über die Wiese zu uns, und alle sind hocherfreut und umarmen sich. Anschließend saßen wir (auch der schlanke, großgewachsene Husserlianer war wieder dabei) auf der Wiese und tranken Bier. Der Tag verlief dann in etwa wie der vorige Abend.

Ich erinnere mich weiterhin, daß ich am nächsten Tag auf einer Bank im Park von Schönbrunn lag und eine Stunde schlief, weil alles so schön war, aber da war ich schon allein. Ich lief dann zu einer Autobahnauffahrt und trampte zurück, was ich aber vermutlich nur deshalb in Erinnerung behielt, weil der Autofahrer, der mich mitnahm, statt der Rückbank einen riesigen Lautsprecher installiert hatte und, drei Minuten nachdem er aus Wien draußen war, auf einen kleinen Parkplatz fuhr, die Musik aufdrehte und sich einen sehr großen Joint baute. Anschließend gab er Gas und raste mit seiner schrottreifen Karre über die Autobahn. Ich fühlte mich dabei nicht sehr wohl.

So saß ich also neulich in Wien auf den Treppenstufen, und die Penner und Obdachlosen und Österreicher von damals wurden noch einmal lebendig. Vermutlich sind sie alle längst tot, ein Christusleben später. Gott habe sie selig.

Ich ging daraufhin erstmal Wein trinken, bekam einen roten Kopf, und am Abend hielt ich in der Universität am Institut für Katholische Theologie einen Vortrag über den christlichen Glauben, denn das war der Grund, warum ich überhaupt nach Wien gereist war.

Die vorliegenden Kolumnen erschienen unter dem Titel »Neulich« von 2011 bis 2018 in der Wiener Zeitschrift *Volltext*.

Inhalt

Der Ort, die Straße, das Haus, das Zimmer, neulich sagte ich mir, du nimmst jetzt alles, deine Heimat, die ganze Wetterau, deinen Onkel, deine Familie, überhaupt alles, deine ganze Geschichte zwischen Grabsteinen und Steinbrüchen, und machst daraus dein letztes Werk, ein Werk, das du so lange weiterschreibst, bis du tot bist, und dieses Werk wirst du *Ortsumgehung* nennen.

Andreas Maier
Die Ortsumgehung

Das Zimmer
Roman. Gebunden und st 4303. 203 Seiten

Das Haus
Roman. Gebunden und st 4416. 164 Seiten

Die Straße
Roman. Gebunden und st 4567. 193 Seiten

Der Ort
Roman. Gebunden und st 4689. 154 Seiten

Der Kreis
Roman. Gebunden und st 4829. 149 Seiten

Die Universität
Gebunden. 144 Seiten

Andreas Maier
im Suhrkamp Verlag

Bullau. Versuch über Natur
Von Andreas Maier und Christine Büchner.
st 3947. 127 Seiten

Kirillow
Roman. Gebunden und st 3778. 348 Seiten

Klausen
Roman. Gebunden und st 3569. 216 Seiten

Mein Jahr ohne Udo Jürgens
Gebunden und st 4764. 218 Seiten

Sanssouci
Roman. Gebunden und st 4165. 298 Seiten

Wäldchestag
Roman. Gebunden und st 3381. 315 Seiten

Ich. Frankfurter Poetikvorlesungen
es 2492. 150 Seiten

Andreas Maier trifft Wilhelm Raabe
Der Wilhelm-Raabe-Literaturpreis 2010
es-Sonderdruck. 43 Seiten